Chinese Economists 50 Forum
中国经济 50 人论坛丛书

走进中国经济 50 人论坛
握手中国最有影响力的群体经济学家

中国经济50人论坛丛书
Chinese Economists 50 Forum

中国经济
直面新问题，促进新发展

白重恩 蔡 昉 樊 纲 江小涓
隆国强 杨伟民 易 纲 主编

中国出版集团
中译出版社

图书在版编目（CIP）数据

中国经济：直面新问题，促进新发展 / 白重恩等主编 . -- 北京：中译出版社，2024.3（2024.10 重印）
ISBN 978-7-5001-7787-6

Ⅰ . ①中… Ⅱ . ①白… Ⅲ . ①中国经济—研究 Ⅳ . ① F12

中国国家版本馆 CIP 数据核字（2024）第 035857 号

中国经济：直面新问题，促进新发展
ZHONGGUO JINGJI: ZHIMIAN XIN WENTI, CUJIN XIN FAZHAN

主　　编：	白重恩　蔡　昉　樊　纲　江小涓　隆国强　杨伟民　易　纲
策划编辑：	于　宇　方荟文
责任编辑：	方荟文
文字编辑：	方荟文　田玉肖　李梦琳　纪菁菁
营销编辑：	马　萱　钟筏童

出版发行：中译出版社
地　　址：北京市西城区新街口外大街 28 号 102 号楼 4 层
电　　话：（010）68002494（编辑部）
邮　　编：100088
电子邮箱：book@ctph.com.cn
网　　址：http://www.ctph.com.cn

印　　刷：	三河市国英印务有限公司
经　　销：	新华书店
规　　格：	710 mm × 1000 mm　1/16
印　　张：	19.25
字　　数：	205 千字
版　　次：	2024 年 3 月第 1 版
印　　次：	2024 年 10 月第 5 次印刷

ISBN 978-7-5001-7787-6　　　　定价：79.00 元

版权所有　侵权必究
中　译　出　版　社

编委会名单

编委会成员（以姓名拼音字母为序）：

白重恩　蔡　昉　樊　纲　江小涓　隆国强

杨伟民　易　纲

编辑工作人员：

徐　剑　朱　莉　杨　春

目 录

第一章　人口负增长的经济社会挑战
　　一、人口负增长时代已经来临　　003
　　二、如何认识人口负增长　　007
　　三、如何认识供需两侧变化　　012
　　四、改革和政策调整　　019

第二章　推动中国高水平开放的几个理论与实践问题
　　一、人民币汇率问题　　030
　　二、人民币国际化的机遇与挑战　　046
　　三、消失的万亿美元顺差　　058

第三章　中国人口转变的独特性及其影响
　　一、中国的人口转变过程及其独特性　　071
　　二、劳动年龄人口负增长与刘易斯转折　　075
　　三、人口快速老龄化对经济增长的影响　　079
　　四、总人口达峰及其对经济发展的影响　　085

第四章　全球变局下的中国经济
　　一、全球变局，变的是什么　　091
　　二、世界在和中国脱钩吗　　097
　　三、中国经济的增长潜力在哪里　　102

I

第五章　新阶段的中国经济与财政政策

　　一、新阶段的中国经济　　107
　　二、当前的财政状况　　117
　　三、关于财政政策的若干建议　　124
　　四、结语　　138

第六章　数字人民币的相关理论与实践

　　一、从货币发展历史的视角看数字人民币　　145
　　二、数字人民币的理论体系　　148
　　三、数字人民币的试点和应用　　158

第七章　经济下行期资产负债表的调整及其对宏观经济的影响

　　一、资产负债表调整变化的主要特征　　164
　　二、资产负债表调整变化的内在机理　　170
　　三、资产负债表受损对宏观经济的影响　　174
　　四、国外资产负债表衰退的特征　　178
　　五、完善宏观政策推动经济持续好转　　181
　　六、中国经济不会陷入"日本化"困境　　185

第八章　从规模经济到创新经济

　　一、全球创新的 G2 模式难以为继　　192
　　二、规模经济是新增长点　　194
　　三、绿色转型新规模经济　　200
　　四、土地的规模不经济　　208
　　五、机遇和挑战　　210

第九章　高质量发展的理论和实践问题

一、深刻理解推动高质量发展的重大意义　215
二、深刻总结我国推动高质量发展取得的伟大成就　219
三、深刻认识推动高质量发展的经验　224
四、深刻把握推动高质量发展的基本要求　229
五、全面落实推动高质量发展的重点任务　236

第十章　牢牢把握高质量发展这个首要任务

一、高质量发展是全面建设社会主义现代化国家的首要任务　247
二、把握高质量发展的科学内涵和基本要求　251
三、推动高质量发展取得的历史性伟大成就和经验　254
四、当前推动高质量发展面临的形势　259
五、把握推动高质量发展的主要任务　263

第十一章　分类分层推进国有企业改革

一、国有企业分类改革构想的提出　269
二、以分类改革为主线，推进国有经济布局优化　274
三、以产权改革为主线，分类推进国有企业混合所有制改革　278
四、以共同治理为主线，分类推进国有企业治理结构创新　285

附录 1 / 295
附录 2 / 296
附录 3 / 299

中国经济 50 人论坛丛书
Chinese Economists 50 Forum

第一章　人口负增长的经济社会挑战[①]

蔡　昉[②]

---

① 本文根据 2023 年 3 月 23 日长安讲坛第 398 期内容整理而成。
② 蔡昉，论坛学术委员会成员，中国社会科学院国家高端智库首席专家、学部委员。

国家统计局公布的数据显示，2022年全国人口自然增长率为-0.60‰，首次出现人口负增长，也就是说，2021年中国人口达到峰值。这是一个重要的转折，对经济社会发展带来巨大挑战。

一、人口负增长时代已经来临

随着人口负增长的出现，中国人口发展从此进入一个全新的时代，"时代"不同于时期、时间，它是一个重要的概念。

中国人口跨越了两个关键拐点（见图1-1）。第一个是自然增长率，指一定时期内（通常为一年）人口自然增加数（出生人数减去死亡人数）与同期平均总人口数之比，用千分数表示。自然增长率不考虑移民因素。2021年的自然增长率是0.34‰，2022年是-0.60‰。

第二个是老龄化率,指 65 岁及以上人口占总人口的比重,我国老龄化率在 2021 年达到 14.2%。按照世界卫生组织的标准,老龄化率超过 7% 即被定义为老龄化社会,超过 14% 为老龄社会,超过 21% 为超老龄社会。国家统计局新闻发言人说这是 61 年以来的第一次,其实不然,因为 61 年前的人口冲击是有天灾人祸因素,短期负增长之后就会恢复,而且还有补偿性增长,而这次不会有恢复和补偿性增长,人口减少将成为长期趋势。

这是中国人口跨越的两个关键拐点。理论上,所有国家发展到一定阶段都应该经历这两个拐点,但有些国家因为移民政策而没有经历,移民代替了自然增长。

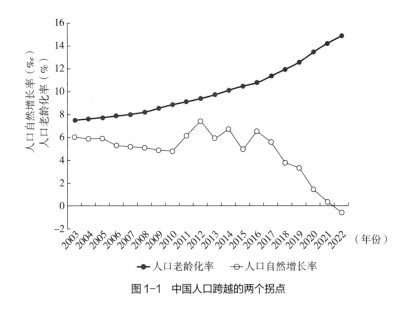

图 1-1 中国人口跨越的两个拐点

老龄化社会是随着人均收入水平提高而到来的,也就是说,老龄化与富裕程度是正相关的。但中国有一些特殊性,第一个特殊性是"未富先老"。人口结构图如果底座大、塔顶尖、呈金字塔形,说明人口比较年轻;如果是橄榄形,说明人口开始老龄化。2021年、2022年中国人均国内生产总值(GDP)超过12 000美元,大体上达到世界平均水平。但从图1-2中明显看到,中国大陆老龄化程度远远超过世界其他地区。相比于经济发展阶段,中国人口老龄化程度和负增长时点来得较早,加大了应对难度。

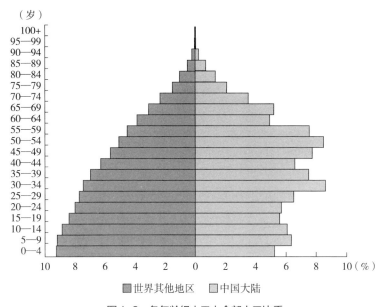

图1-2 各年龄组人口占全部人口比重

第二个特殊性是"不期而至",没有预料到来得这么快,因为我们对人口数据的认知始终滞后于实际情况,如人口自然增长率、总和生育率、老龄化率等。

1990年以来的几次人口普查结果显示,我国总和生育率(在育龄期,每个妇女平均生育的子女数)为1.2左右。国际上通常以

2.1作为人口世代更替水平,也就是说,考虑到死亡风险,平均每对夫妇大约需要生育2.1个孩子才能使上下两代人之间人数相等。我国总和生育率仅为1.2,显然太低了。

图1-3是联合国根据中国提供的数据做出的人口预测,以及中国实际人口情况。联合国2019年的预测显示,2030年中国人口将达到峰值,老龄化程度也没有那么高。2020年中国第七次人口普查数据发布之后,联合国在2022年根据我们的最新数据重新进行了预测。图中虚线是我国的实际人口数据,可以看出,即使是联合国2022年的预测,与我们的实际情况相比,仍然有所滞后,也就是说,对人口自然增长率、总和生育率、老龄化程度的反映都不够。这种滞后没有引起我们足够的重视,使得我们没有花足够的时间来制定相应政策应对这个问题。

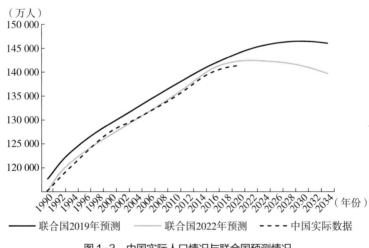

图1-3 中国实际人口情况与联合国预测情况

二、如何认识人口负增长

国家统计局公布数据之后,"人口负增长"自然而然地成为一个热门话题,学者都在讨论这个问题。中国经济50人论坛也专门召开会议进行研讨,让我做主题发言,因为我是喊出"狼来了"的那个"孩子",喊了很多年,"狼"真的来了,现在大家都说我喊对了。当然,对于这个问题有些人有不同意见,有的观点可以给我们启发,如何认识人口负增长也很重要。

第一,人口负增长无涉"好""坏"判断——增长到一定程度就不再增长,任何事物可能都是这样。伴随着经济社会发展,生育率降低是一个自然而然的过程,各国都会经历,人类发展指数与生育率呈反向变化关系。图1-4横坐标是人类发展指数,它是一个更全面的综合发展指标,包括人均GDP、教育、健康水平等。我们已经进入较高的人类发展阶段,指数大概在0.7—0.8,因此生育率也应该降下来。

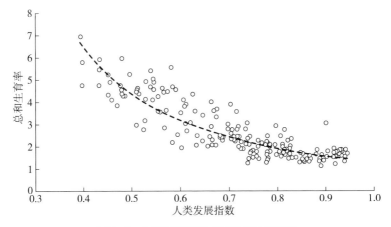

图1-4 人类发展指数与总和生育率的关系

尽管前面提到，中国具有"未富先老""不期而至"的特殊性，但总体而言，生育率下降和人口负增长是水到渠成、符合发展规律的。我们讨论这个问题就是为了应对挑战，但无须在乐观或悲观之间简单选边站。

第二，符号很重要——正增长、零增长和负增长（见图1-5）。2011年之后，劳动年龄人口（16—59周岁）开始减少，当时我提出中国将进入"刘易斯转折点"，人口红利消失。有人问，9亿劳动年龄人口还少吗？规模确实足够大，但这并不能成为不重视规模减小的理由。这就像数学符号，人口增长是正，人口停滞是零，人口负增长就是负，正、零、负三者之间是质的差别，对经济增长的影响，在方向上是南辕北辙，在程度上是天壤之别。仅仅把人口红利归结为劳动力丰富，降低了对中国经济的解释力，弱化了我们的预测能力。增量的负面变化是符号的变化，它给我们带来了严峻挑战，但总量是中国的优势。简而言之，机遇和挑战并存，挑战来自增量，机遇源于存量。

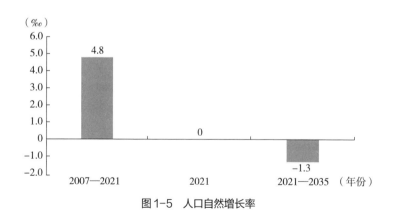

图1-5 人口自然增长率

第三，经济学思维——"假设其他条件不变"。前提假设是经济学研究的基础，比如在推导一个公式的时候，首先要假设其他条件不变。

晋惠帝时期，有一年闹饥荒，老百姓没有粮食吃，很多人被饿死，晋惠帝知道之后说了一句：百姓无粟米充饥，何不食肉糜？他因为这句话被嘲笑了两千年。但如果按照经济学思维来解读这句话，我们不一定会嘲笑他。原来老百姓的食物是一半粮一半肉，现在粮食歉收，假设不影响肉的产量，那么老百姓吃不上粮，只能吃肉。问题在于，畜牧业的饲料来自粮食，如果粮食减产，肉糜自然也没有那么多。在假设其他条件不变的时候，变的那个因素影响了未来发展。

有人提出以劳动力质量替代数量、机器替代人，靠 ChatGPT 提高生产率，因此应该更加注重发展教育培训，这些恰恰是我们要研究的问题。

图 1-6 是我们对中国潜在增长率的两次预测，实线是假设其他条件不变，虚线是假设其他条件变化。发生的变化是什么呢？假设变化是全要素生产率能够以更快的速度增长，这意味着未来潜在增长率虽然下降，但是如果人力资本得到提升，出台更好的政策让市场主体充分竞争、创造性破坏、提高生产率等，最后将综合体现为全要素生产率的增长速度更快，得到"取乎其上，得乎其中"的效果。我们研究当前的挑战就是为了找到那个应该变化的条件，而经济学思维中"假设其他条件不变"这一点很重要。

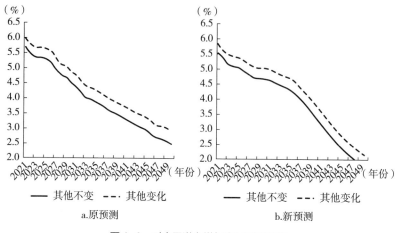

图1-6 对中国潜在增长率的两次预测

第四,增量的挑战、结构的潜力、总量的机遇。看待人口变化新趋势有三个角度——增量、结构和总量。从增量来看更多的是挑战,因为人口已经不增长,而人口增长与否的差别很大。

从结构来看,我国人口结构是有潜力的。举个例子,过去一些研究机构在预测中国未来增长的时候得出结论,中国将来达不到超过美国成为世界第一大经济体的目标,因为中国有一个最重要的条件不如美国,就是劳动力增长,中国劳动力是负增长,而美国劳动力是正增长,美国有比较宽松的移民政策,生育率也高于中国。但是中国有一个巨大的潜力,不靠总量增长,而是靠结构调整。我们说的劳动力短缺不是指农业,而是非农产业,从农业劳动力的比重来看,美国只有1%,发达国家平均为3%,中国是23%,有20个百分点可以转移出来。即使只转移出10%,非农就业也可以增加7 800万人,比巴基斯坦或俄罗斯的全部劳动力还要多,这就是结构的潜力(见图1-7)。

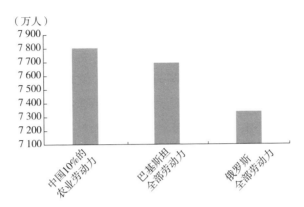

图1-7 中国、巴基斯坦与俄罗斯的人口结构潜力对比

总量能够带来一些机遇。中国人口占世界总人口的17.9%，但是居民消费仅占世界消费总支出的12.8%，这是一个巨大的差距，说明中国居民消费还未达到世界平均水平。如果缩小这个差距，使中国居民消费也达到占世界的17.9%，那么中国居民消费总支出可以增加39.4%，增量比日本、德国等国家的总量还要大（见图1-8）。

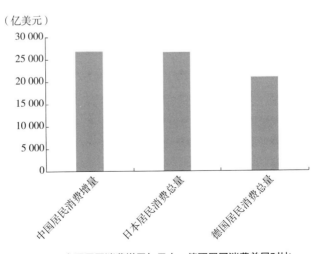

图1-8 中国居民消费增量与日本、德国居民消费总量对比

三、如何认识供需两侧变化

人口负增长、老龄化加剧对中国经济带来的冲击,表现在供给侧和需求侧两端。从供给侧来看,会对潜在增长能力带来一些新的冲击;从需求侧来看,会削弱总需求,进而影响经济增长速度。

(一)劳动年龄人口下降缓冲期结束

总人口负增长以后,老龄化会加剧,劳动年龄人口减少速度也会加快。图1-9显示,我国人口已经历过一个转折点,劳动年龄人口在2010年到达峰值,2011年之后负增长,每年都在减少。当时我就说,这标志着中国人口红利正在加速消失。有人说人口总量很大,劳动力质量可以替代数量,而且9亿多劳动年龄人口不可谓少。这种看法有两方面的谬误:第一,变化趋势和总量是两回事,变化趋势会带来挑战;第二,把人口红利仅仅视为劳动力充分供给是不够的,是一种误导。

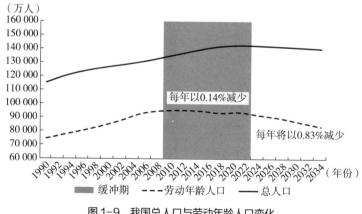

图1-9 我国总人口与劳动年龄人口变化

由于以下因素，总人口负增长进一步加快了劳动年龄人口的减少。

一是劳动力进一步短缺。归根结底，劳动力供给来自劳动年龄人口，即使有超过劳动年龄的人还在工作，也只是个别案例，并不典型。

二是劳动者受教育年限改善放慢。当劳动年龄人口增长的时候，每年新成长的劳动力数量很多，他们的受教育程度高于已在劳动力市场人口的平均水平，因此人力资本通过增量在改善。当增量越来越少的时候，尽管人力资本仍在改善，但是改善速度显著下降。

三是资本回报率下降。在劳动力短缺的时候，可以用机器替代劳动，比如目前最火的 ChatGPT 等（人工智能的发展已经改写了一些经济学原理，也比较复杂，为了便于讨论，我们还是采用传统的理论分析框架）。在劳动力短缺严重的时候，如果机器替代人的速度太快，在资本劳动比率中，资本增长太快，而劳动力增长慢，就会出现资本报酬递减现象。如果资本回报率下降，投资意愿降低，增长动力就会减弱。

四是生产率增长减速。人口红利消失意味着靠资本劳动力投入驱动的经济增长走到尽头，以后要靠生产率驱动，但是靠生产率驱动的时候正是生产率提高最艰难的时候，这是很矛盾的。过去生产率提高像一个低垂的果子，伸手可得，现在则难之又难。在高速增长时期，劳动力从农业转向非农产业，从生产率低的部门转向生产率高的部门，进行资源重新配置，提高整体生产率。劳动力短缺以后,虽然劳动力仍在转移,但是速度降低,全要素生产率的提高速度也随之放慢。这就要求加大改革力度,挖掘新的增长潜力,因为低垂的果子已被摘尽。

2010年是转折点,劳动年龄人口开始负增长。2010—2022年的十几年,劳动年龄人口的负增长还比较缓慢,每年以0.14%的速度减少,我们称之为缓冲期。但当总人口开始负增长之后(图1-9中阴影部分结束),劳动年龄人口负增长更快,到2035年前将以每年0.83%的速度减少。

(二)不会实质妨碍"中等发达国家"目标

我们使用新的人口数据对潜在增长率重新进行了估算。图1-10中,黑色线条叫作"中方案",是假设条件不变得出的结果;灰色线条叫作"高方案",是假设其他条件变化,全要素生产率提高更快一些。从这两个预测可以看到,在今后相当长一段时间里,我们将大体保持4%的增速,如果加大改革力度,获得改革红利,还可以实现4.5%—4.8%的增速。按照这个速度,到2035年我国将基本实现现代化,达到中等发达国家水平,人均GDP达到23 000美元左右(相当于今天葡萄牙的水平)。所以,无须悲观,但必须改革。

供给侧的挑战不是新问题,看得见,可应对。最大的挑战,而且是准备不够、经验不足的挑战,是需求侧冲击,它可能导致增长潜力不能实现。

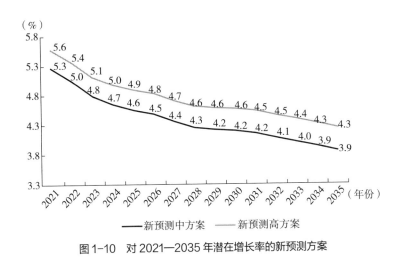

图 1-10 对 2021—2035 年潜在增长率的新预测方案

日本人口负增长出现在 2010 年，劳动年龄人口负增长则早在 1995 年就开始出现，从那时起日本的潜在增长率就在下降。2010 年日本总人口负增长以后出现了新问题，需求更加不足。打个比方，你是一名运动员，身高、体重都符合要求，速度、体能也都有，教练团队很专业，可以保证你的能力，但是如果需求发生变化，比如奖金不够、心情不好或者其他原因，最后也会导致你的潜在能力无法发挥。2010 年之后日本潜在增长率是 1%，但实际增长率低于 1%，这意味着需求因素造成了制约。

中国人口负增长以后，需求侧的新制约将成为经济增长的常态制约。

（三）抑制居民消费的一般事实

我们通过几种效应来揭示一般发展规律。从人口负增长对居民消费的抑制来看，首先排除出口需求，因为随着劳动力价格上涨，制造业的比较优势丧失，国际市场需求不会大幅增长。其次，在经济增速下降的时候，投资需求不强，基础设施需求也不强，因为这些是派生的，会自然而然地减弱，这是增长效应。当转向内需时，更强调的是消费需求，但这跟生产率一样，正是靠消费需求一柱擎天拉动经济的时候，这个柱子也受到冲击。由于增长效应、收入分配效应，经济增长速度降下来，就业增长和收入增长都没有那么快，这使得消费需求增长也不会像过去那么快。

从2023年的情况来看，我们还遇到了一些短期冲击和长期挑战之间的衔接问题。过去三年我国失业率一直比较高，2023年最新数据是5.6%，假设中国自然失业率是5%，那么现在5.6%的失业率意味着超过了该有的自然失业率，是周期性失业，还未回到原来的周期轨道上。过去三年疫情造成的结果就是家庭资产负债表受损，收入和支出的平衡关系更糟糕，而消费不足就很难带动经济复苏。需求制约是长期趋势，可能很多国家在经历冲击（无论是疫情还是金融危机）之后，都回不到原来的增长轨道上。我们也很担心这个问题，因此要做的事必须从现在就开始做。

（四）老龄化抑制消费：能力与预期

年龄越大，劳动收入越低，加上养老保险不充分，保障水平不高，因此老年人消费能力不足，消费意愿不强，消费倾向也低。图1-11中，黑色线条是按年龄排列的劳动收入，灰色线条是消费支出，可以看出，老年人的消费不高，在往下降，原因是存在"现收现付悖论"。

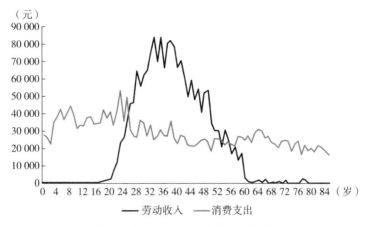

图1-11　各年龄段劳动收入与消费支出变化

现收现付的养老保险制度，就是以同一个时期正在工作的一代人的缴费来支付已经退休的一代人的养老金，而不是替你把养老金存起来以后还给你。现收现付给正在工作的人带来了三个问题，或者说三重压力。第一，就业者需要缴费。与之相应的是，收入减少，消费减少。第二，养老保险并不充分。比如我在工作，缴纳养老保险，然后社保向老年人支付养老金，包括我的父母，但是这些钱不够我父母用，所以我还要拿出一部分收入来赡养父母。第三，随着人口抚养比的变化，等我退休的时候，退休老人比工作的人多，未雨绸缪，我要进行预防性储蓄。这是就业者的"现收现付悖论"：作为基本养老保险缴费者、家庭老人赡养者和预防性储蓄者，就业人群没有很好的消费预期。我们有一个局部调查显示，在23—85岁，年龄每增长一岁，平均消费降低1.8%。

（五）跨国数据：老龄社会的消费疲弱趋势

我们把很多国家长时间的消费数据进行简单统计，绘制了老龄化率与家庭消费率的关系图（见图1-12）。横坐标是老龄化率，纵坐标是家庭消费率，即家庭支出占GDP的比重，每个圆圈代表一个国家的数据。可以看出，家庭消费率并不是一味提高，而是到达一定程度后就趋于转折，开始下降，大体上是倒U字形曲线。转折点出现在老龄化率达到14%的时候，2021年中国老龄化率超过14.2%，已经进入消费不充分时期。

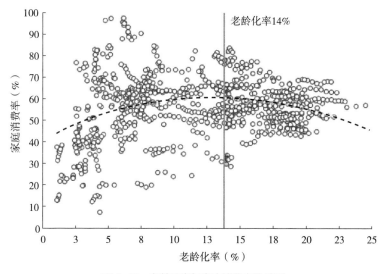

图1-12 老龄化率与家庭消费率的关系

近年来国际上提到一个概念——长期停滞，其含义是由于全球老龄化，特别是发达国家老龄化，人们过度储蓄而不能充分消费，也没有充分投资，由此导致世界经济在较长时期处于停滞状态，长期的低利率、低通胀、低增长导致高负债。现在长期停滞被打破，美联储拼命贴息，已经不再是低利率，有人说未来可能是高通胀、高利率，但即便如此也刺激不出高增长，低增长、高负债的组合仍然存在。

从中国的情况来看，我们担心消费上不去，不一定是低利率，但是通胀也不会上去，经济增长可能受到抑制，这是现在看到的一个趋势。当然中国也有潜力，因为家庭消费率只有39%，显著低于世界平均（56%）、中上收入国家（48%）和高收入国家（59%）的水平。

四、改革和政策调整

改革和政策调整有很多方面，以下简单探讨几个重要的问题。

第一，需要着力提高生育率吗？

生育率低导致老龄化和人口负增长，现在中央已经把积极应对人口老龄化作为一项国家战略，不仅针对老年人，而是针对整个人口。我们提出降低"三育"（生育、养育、教育）成本，希望有一个合理的总和生育率。什么是合理的总和生育率？联合国近年来在世界各国进行调查，最后归纳的结果如图1–13所示：横坐标是部分国家/地区，纵坐标是总和生育率，很多国家的实际水平达到4—5甚至6—7，这些国家大多是低收入国家；韩国是零点几；中国（不含港澳台地区）2020年是1.3。

联合国在调查的时候还得出一个结论，从生育水平最高的国家到最低的国家，平均来看，都认为生两个孩子最合理。从这个意义上来说，假如没有任何因素约束，大家都希望要两个孩子，这大体上相当于2.1的更替水平生育率。

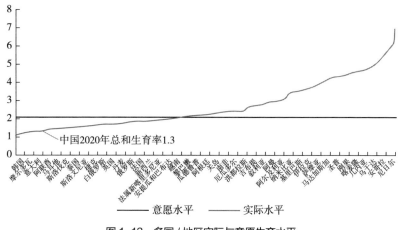

图 1-13 多国/地区实际与意愿生育水平

但是对中国来说，第一，过去有生育政策抑制生育意愿，所以在生育政策结束之后，可能还有一点补偿性的生育意愿；第二，青年人面临的"三育"成本压力太大，所以，在没有约束的情况下，希望生两个孩子的意愿是很少的。我们的目的是打破这个约束，但是我们有多大能力呢？我也不太确定。当然做这些事是有意义的，因为这与构建中国式福利国家，构建覆盖全民和全生命周期的社会福利体系，是一致的。

诺贝尔经济学奖获得者、瑞典经济学家冈纳·缪尔达尔（Gunnar Myrdal）在20世纪30年代就开始关注瑞典人口问题，认为人口增长停滞将对经济社会带来种种不利因素。这是一种革命性的认识，因为在他之前大家都是马尔萨斯主义者，觉得人口越少越好。缪尔达尔最早看到人口不增长是有问题的，和他一起的还有约翰·梅纳德·凯恩斯（John Maynard Keynes），这是他们的重要贡献。缪尔达尔夫妇合著了《人口问题的危机》一书，由于缪尔达尔曾任瑞典商业部部长，书中所设计的社会福利政策被政府采纳。北欧福利国家是最有特色、最典型的，"从摇篮到坟墓"，其出发点是解决人口问题。

提高生育率的有效举措在于提高社会福利水平，不能把政府的责任丢出去。比如有些地方政府强制休产假、给补贴等，其实是把"球"踢给企业，企业认为提高了用工成本，就会想办法不雇用女职工。当然也有很多办法，比如规定产假必须男女同休等。最重要的一点，这是国家的责任，具有社会效益和外部性的公共产品应该由政府提供。如果说气候变化是地平线级别的外部性，那么人口可持续以及人类的生存，其重要性一点不亚于它。

第二，农民工落户"一石三鸟"。

各个方面的改革都能带来真金白银的改革红利。我国常住人口城镇化率接近65%，但是户籍人口比重只有不到47%，中间有18个百分点的差距（见图1-14），其中最主要的就是农民工。农民工没有城市户口带来几个问题：收入不稳定，就业不稳定，消费不稳定，由此造成劳动力供给也不稳定。这些问题最后都落在一个问题上，就是消费模式，他们的就业不再是干农活，但他们的消费模式没有变成城里人的消费模式，他们没有均等地享受到城市的基本公共服务。

根据经济合作与发展组织（OECD）中国团队的估算，中国城镇化分两步走：第一步，农民工离开农村进城务工，生活在城市里，这让他们的消费提高28%；第二步，如果他们获得城市户口成为市民，消费还能提高28%。已经进城的农民工有1.72亿人，这个规模比很多国家总人口都多，如果他们的消费提高近30%，那是一个什么量级！

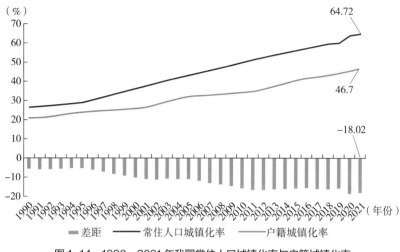

图1-14 1990—2021年我国常住人口城镇化率与户籍城镇化率

农民工落户是"一石三鸟"的改革。除了扩大劳动力供给、提高资源配置效率和潜在增长率之外,户籍制度改革还可以提高收入、消费力和消费倾向,稳定社会总需求。

第三,延长义务教育有能力、有回报。

劳动力数量不足影响经济增长,可以用劳动力质量替代数量,怎么替代?必须培养人力资本。经济学家在做模型的时候,就简单地以受教育年限作为人力资本指标,只有劳动者受教育年限明显提高,才能用质量替代数量。

受教育年限以往有过两次大幅度提高,都做出了巨大的贡献,但有时候我们对其评价不高或不足。一次是普及九年制义务教育,另一次是高校扩招。这两件事都做完了,潜力没有原来那么大了,怎么办?跟发达国家相比,我国义务教育或者免费教育的时间太短,建议向前向后各延长三年,即将学前教育三年和高中三年都纳入义务教育或者免费教育。

大家会问,钱从哪来?我做了一个预测。我把 4 岁开始学前教育一直到 18 岁高中毕业的这部分人叫作义务教育人口,他们的教育要通过劳动年龄人口来供养,把义务教育人口与劳动年龄人口的比值叫作义务教育人口负担比,即图 1-15 中的黑色曲线。从现在到 2035 年是下降最快的时期,负担一年比一年小。与此同时,根据未来潜在增长率可以预测每年的 GDP,国家财政性教育经费支出占 GDP 比例为 4%,用每年 GDP 乘以 4% 即可得到预期教育公共支出。可以看出,资源在增长,而需要花钱的人群在缩小。

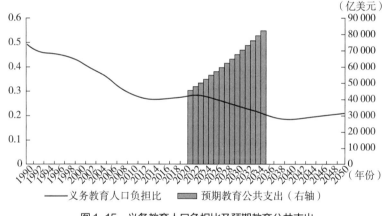

图 1-15　义务教育人口负担比及预期教育公共支出

第四,中国语境下的"瓦格纳加速期"。

我们现在面临中国式福利国家建设的重要转折点,"七个有所"(幼有所育、学有所教、劳有所得、病有所医、老有所养、住有所居、弱有所扶)是中国式福利国家建设的主要内容。这是基本公共服务,是由政府花钱的。一方面,政府要有这个财力;另一方面,钱要花在社会性支出上,而不是去投资。

19世纪80年代德国经济学家阿道夫·瓦格纳(Adolf Wagner)提出了著名的瓦格纳法则:当国民收入增长时,财政支出会以更大比例增长。随着人均收入水平的提高,政府支出占GDP的比重整体上将会提高。用现在的数据看也比较符合实际,提高最快的时期是人均GDP在10 000—23 000美元的时期(见图1-16),这也是中国从现在到2035年基本实现现代化的时期。瓦格纳法则是已有定律,结合中国实际,我称之为中国语境下的"瓦格纳加速期"。在这段时期,我国经济增速比我们要超越的这些国家快得多,但是政府社会性支出占GDP的比重远低于这些国家。因此,无论是差距还是能力,都要求我们在这期间赶超,不但要花这个钱,还要花对地方。

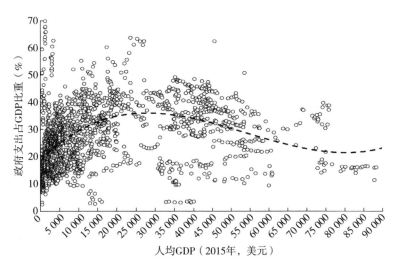

图1-16 人均GDP与政府支出占GDP比重的关系

本文没有过多提及提高生产率等问题，那是2011年之后应对的主要课题，是供给侧的问题。人口负增长和老龄化带来的冲击，常态挑战是需求侧的，需求侧重点在消费需求。在需求方面的因素中，初次分配有潜力可挖掘，但到达一定发展阶段之后，再分配将起支配性作用，而这恰恰是我们的短板，所以本文主要就这个方面提出政策和改革建议。

中国经济 50 人论坛丛书
Chinese Economists 50 Forum

第二章 推动中国高水平开放的几个理论与实践问题①

管 涛②

---

① 本文根据 2023 年 3 月 30 日长安讲坛第 399 期内容整理而成。
② 管涛，论坛特邀专家，中银证券全球首席经济学家。

党的二十大提出，要以中国式现代化推动中华民族伟大复兴。中国式现代化的一个本质要求就是高质量发展，党的二十大再次强调高质量发展是首要任务，发展是执政兴国的第一要务。高质量发展很重要的一个内容就是高水平开放，加快构建以国内大循环为主体、国际国内双循环相互促进的新发展格局。

2022年11月4日，中共中央政治局常委李强同志在上海出席第五届中国国际进口博览会开幕式并发表致辞，提及高水平开放有四层含义：第一层含义是双循环相互促进的开放，第二层含义是促进深层次改革的开放，第三层含义是推动高质量发展的开放，第四层含义是与世界合作共赢的开放，这就是高水平开放的完整含义。

本文主要探讨三个问题。

第一个问题，人民币汇率问题。2022年人民币汇率出现了一波比较大的调整，年初人民币升值，但是3月以后人民币汇率冲高回落，从 6.3 跌到 11 月初的 7.3 只用了 8 个月的时间。2022 年全年贸易顺差是 8 778 亿美元，创历史新高。在贸易顺差扩大的情况下，为什么人民币会贬值？这个问题怎么理解？我们怎么看待目前人民币汇率调整的性质？人民币到底是商品货币，还是资产价格？结合书本上的理论知识，我们学以致用，解释现实中遇到的问题。

第二个问题，人民币国际化。最近人民币国际化成为热门话题。党的二十大报告对人民币国际化怎么提？"有序推进人民币国际化。"未来人民币国际化到底有哪些机遇和挑战？我们怎样推进人民币国际化的进程？为什么有些国家对本币国际化采取非常审慎的态度，不主张本币国际化，而中国在主动推进人民币国际化？这个背后的道理是什么？

第三个问题，消失的万亿美元顺差。这也是最近大家讨论比较激烈的问题，前文提到，2022 年有近 9 000 亿美元的贸易顺差，但与此同时外汇储备减少了 1 225 亿美元。这 1 万多亿美元的缺口去哪儿了？对这个问题的关注在一定程度上也反映了国内的三重压力：需求收缩、供给冲击和预期转弱。作为预期转弱的一部分，大家又重新开始关心贸易收支的缺口和外汇储备变动之间的关系。怎么来看待这个问题？我们将用数据说话，给大家做一些解释澄清。

一、人民币汇率问题

前文提到 2022 年人民币汇率经历了比较大的调整，8 个月的时间从6.3跌到7.3，调整了13%以上（见图2-1）。上一次人民币汇率从2018年4月初的6.28跌到2020年5月底的7.2，用了26个月的时间，这一次只用了8个月的时间，人民币震荡明显加剧。2022年全年人民币汇率中间价最大振幅是15.1%，这是过去20多年人民币汇率最大的振幅（见图2-2）。市场问得比较多的是，为什么2022年贸易顺差扩大但是人民币还贬值？我们可以用国际收支数据来理解这一波人民币汇率调整的性质。我们现在看待人民币汇率问题不能再以过去传统的商品角度来理解人民币汇率的走势，我们应该注意到，随着经济越来越市场化、全球化，人民币汇率越来越具有资产价格属性。

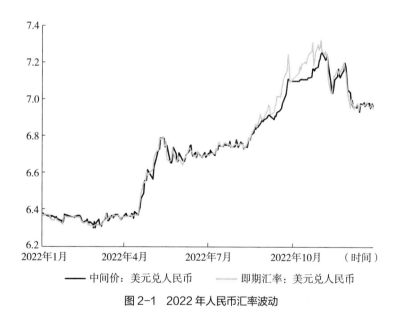

图2-1　2022年人民币汇率波动

资料来源：万得，中银证券。

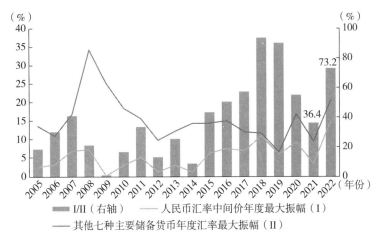

图 2-2 人民币汇率中间价最大振幅、其他七种主要储备货币汇率最大振幅及其比值
资料来源：万得，中银证券。

为什么这么讲？2015 年中国进行了人民币汇改，"8·11"汇改的一个重要目的是让人民币汇率形成更加市场化。"8·11"汇改初期中国一度遭遇了资本外流、储备下降、汇率贬值的恶性循环，央行采取了很多干预措施。但是在 2017 年以后，人民币汇率止跌企稳，开始进入有涨有跌的双向波动新常态。在这样一个背景下，央行从 2017 年开始就基本退出了外汇市场的常态干预，所以 2017 年以后中国的国际收支数据从过去大家习以为常的双顺差变成了一顺一逆，即经常项目是顺差但资本项下是净流出。

如果我们学过国际金融，知道什么叫国际收支账户，就会知道在央行不干预的情况下，国际收支平衡表里的经常项目和资本项目就是镜像关系，即一个是顺差，另外一个必然是逆差，反之亦然。而且经常项目顺差越大，资本项下净流出就越多，否则两个正数或者两个负数加起来都不可能为 0（见图 2-3）。

图2-3 经常项目与资本项目的镜像关系

资料来源：万得，中银证券。

美国和中国的情况相反，中国是长期以贸易为主的经常项目顺差、资本项目逆差，美国是以贸易为主的经常项目逆差、资本项目顺差。这带来一个问题，在国际收支这样一个结构性自主平衡的情况下，通常我们不能简单地用贸易赤字来解释和预测美元贬值，也不能用资本流入来解释和预测美元升值。中国也是一样，在经常项目和资本项目一顺一逆相抵的情况下，我们既不能简单地用贸易顺差来解释和预判人民币升值，也不能用资本项目逆差来解释和预判人民币贬值。

但是我们可以看到，2022年我国贸易顺差扩大，导致的结果就是经常项目顺差达4 175亿美元，比上一年增长32%。前文也提到2022年人民币贬值，在经常项目顺差扩大的情况下人民币还贬值，必然是资本项下流出导致的，我国2022年资本项下逆差达3 176亿美元，同比增长1.46倍。而2022年美元是相反的情况，美国贸易逆差扩大，资本流入增加，但美元升值，美元升值就是资本流入导致的。

很多人炒作外资减持美元资产，但真实情况不是这样的。还是回到国际收支账户。为什么我们看到外资减持美元资产？这很大程度上是混淆了存量和流量。2022年外资减持美元资产，很大程度上是因为美债收益率上行，美债价格下跌，外资持有的美国国债存量下降。但是实际上我们看到，根据美国财政部统计，2022年美国国际资本净流入是1.61万亿美元，创历史新高，同比增长45%，其中私人投资者净买入美元资产1.68万亿美元，官方投资者包括央行净卖出701亿美元。

所以实际上美国跟中国情况相反：美元在美国贸易逆差扩大的情况下升值是因为资本流入，人民币在中国贸易顺差扩大的情况下贬值是因为资本流出。这意味着，我们理解人民币汇率就不能用传统的观念，即直接从贸易差额变化来研判人民币汇率的走势。

为什么我们要强调这个特点？因为如果汇率是一种资产价格，它就有两个特性，一个是汇率超调，市场汇率经常性地相对于所谓的均衡汇率出现过度的涨或者过度的跌。我们经常讲，我们要保持人民币汇率在合理均衡水平上的基本稳定，但是这个"基本稳定"不是"固定"，市场汇率一定是围绕均衡汇率上下波动的，上下波动在很大程度上就是因为汇率具有资产价格属性。

还有一个很重要的特性是多重均衡。什么叫多重均衡？在给定基本面的情况下，市场汇率既可能涨也可能跌。大家一般认为，贸易顺差扩大，人民币应该升值，但实际上外汇市场并不是这么简单。贸易顺差到底是好事还是坏事，完全取决于市场怎么看待顺差的变化。如果大家认为贸易顺差扩大是因为内需不足，是衰退型顺差扩大，那么顺差越大，货币反而面临越大的贬值压力，这就叫多重均衡。

不仅中国是这种情况，国际上也是这样的。大家一般认为，货币宽松，本币贬值。在2012年日本央行实施量化质化货币宽松政策的时候，利差的确驱动了日元贬值。2016年日本央行引入负利率政策，进一步宽松，日元汇率应该对美元进一步贬值，但是那一次恰恰相反，避险情绪驱动了日元升值。所以同样是货币宽松，在不同情形下，对汇率的影响不一样，这是因为在任何时候影响汇率的因素有很多，在不同的时候是不同的因素在发挥主要的影响作用。2012年主要是利差因素影响日元汇率走势，但2016年造成主要影响的不是利差，是避险情绪。这就叫多重均衡。

2022年人民币汇率调整就反映了多重均衡，我们也能从数据中找到解释。2022年，中国基础国际收支（经常项目与直接投资合计）顺差约4 500亿美元，相比上一年下降。短期资本（非直接投资的跨境资金流动，含净误差与遗漏）净流出约3 500亿美元，增长了4%（见图2-4）。短期资本净流出与基础国际收支顺差之比是78%，负值比上一年上升了13.8个百分点，这就意味着2022年中国短期资本流出压力加大。而短期资本有一个很重要的特点，就是很容易受到市场情绪影响，不完全由基本面驱动，所以人民币就像成熟货币那样呈现一种随机游走的特征。

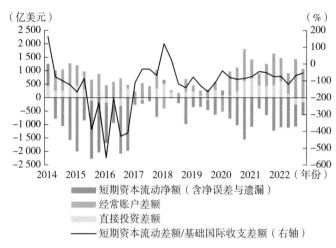

图 2-4 从数据看 2022 年人民币汇率调整的多重均衡

资料来源：万得，中银证券。

最典型的是 2022 年底，中国疫情闯关，经济数据较弱，但是并没有影响 11 月以后人民币汇率止跌反弹，从 11 月初的 7.3 反弹到 2023 年初的 6.7，不到 3 个月的时间反弹了约 9%。当时我国的经济数据是比较差的，很多数据是负增长，但这不影响人民币汇率反弹。为什么？一方面，在海外市场，美国通胀回落，美联储紧缩预期缓解，美元和美债收益率下行，美国股市反弹，市场风险偏好改善；另一方面，国内从 2022 年 11 月开始，优化防疫措施，调整房地产调控政策，改善了市场对于中国经济复苏前景的预期。所以尽管经济数据差，但是由于市场预期改善，人民币照样升值。2022 年最后两个月，中国贸易顺差同比是下降的，但是因为人民币汇率是资产价格，所以不影响人民币汇率反弹。这是可以找到解释的。

而且，我们用国际收支数据还能够找出人民币汇率调整的压力到底是来自境内还是境外,是在岸市场还是离岸市场。

2022年前三个季度,中国非储备性质的金融账户逆差为2 123亿美元,而2021年同期是顺差281亿美元。其中,资产方,也就是对外投资净流出1 995亿美元,同比下降59%;负债方,也就是利用外资净流出127亿美元,2021年同期为净流入5 125亿美元(见图2-5)。这意味着中国资本项下资金净流出有两个渠道:一个是在资产方,我们增加了海外资产的运用,主动对外投资;还有一个是前期净流入的外资,现在可能因为形势发生变化,净流入减少甚至变成了净流出。2022年,我国对外投资同比减少,而外方来华投资由上一年巨额净流入变成了净流出。显然2022年人民币汇率调整压力来自负债方,即外来投资的减少,而不是我国对外投资的增加。

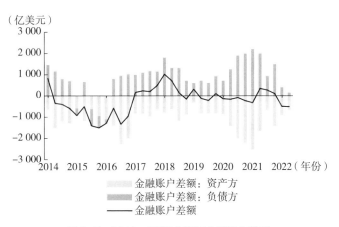

图2-5　2014—2022年我国金融账户差额

资料来源:万得,中银证券。

境内外汇率也能够印证这个观点。2022年全年CNH(离岸人民币汇率)与CNY(在岸人民币汇率)价差是+92个基点,这意味着 CNH 相对于 CNY 偏贬值方向。

这和 2015 年、2016 年的情况不太一样。刚开始的时候，"8·11"汇改引发市场恐慌，内资、外资都往外跑，2016 年第二季度以后外资恢复净流入，内资继续往外跑。所以我在 2016 年写的一篇文章中提到，稳汇率的关键在于稳住在岸市场，包括境内企业和家庭对人民币的信心。但是这一次不一样。这一次在岸市场没有因为人民币大起大落出现市场恐慌，而是外资由于各种原因从前期的大量净流入变成少量净流出。

我们用高频数据也可以印证类似的观点。现在市场上经常有一种看法，把人民币贬值等同于升贬值压力或者升贬值预期，一说人民币贬值就认为贬值压力很大，贬值预期很强。这是错的。为什么？人民币汇率改革一个很重要的目标就是要让汇率形成越来越市场化，让市场在汇率形成中发挥越来越大的作用。

什么是正常的外汇市场？正常的外汇市场一定是低买高卖，就是升值的时候买外汇的多、卖外汇的少，贬值的时候卖外汇的多、买外汇的少。2016 年底人民币汇率跌到 7 附近，那个时候大家在抢购和囤积外汇，就是外汇市场失灵，不是正常的外汇市场状态。但是现在还有很多人没有搞清楚，恰恰是汇率灵活才有助于及时释放市场压力，避免单边预期积累。

2022 年是什么情况？从外汇市场数据来看，虽然人民币汇率大幅贬值，但是境内外汇供求基本平衡，全年银行即远期（含期权）结售汇合计顺差是 771 亿美元，确实比 2020 年、2021 年每年的 2 000 多亿美元要少，但是我们并不追求顺差越多越好，哪怕出现少量逆差也是可以接受的。

2022年，人民币汇率从6.3调整到7.3，但是只有4个月的结售汇是少量逆差，平均逆差只有42亿美元（见图2-6）。关键是人民币贬值期间的市场结汇意愿总体高于升值期间，购汇动机弱于升值期间，这意味着外汇市场运行基本正常。

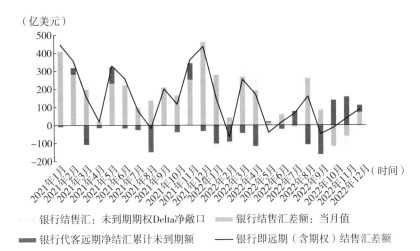

图2-6　2021—2022年境内外汇供求保持基本平衡

资料来源：万得，中银证券。

2022年底秋季年会期间，国际货币基金组织（IMF）曾经就汇率政策谈过一种观点，建议各国应该保持汇率灵活，以适应不同国家货币政策的周期差异；同时也提出，只有当汇率变化影响货币政策传导，或者产生更加广泛的金融稳定风险的时候，央行才应该干预。通俗地讲，在汇率灵活的情况下，央行应该对汇率涨跌善意地忽视，不用太在意汇率涨多少、跌多少，只有当汇率波动影响到物价稳定和金融稳定的时候，央行才应该出手干预。

前文提及，尽管2022年人民币汇率大起大落、宽幅震荡，但是外汇供求基本平衡，低买高卖的汇率杠杆调节作用正常发挥，这是央行对于外汇市场波动比较淡定的一个主要原因。我们现在用的是月度数据，实际上监管部门掌握外汇市场每天的买卖数据，知道外汇供求状况是怎样的，市场数据是决策和反应的依据。

众所周知，国际上的外汇市场通常都是无形市场，但当时我们建立银行间外汇市场是从有形市场开始起步的，中国外汇交易中心这一套交易系统当时借鉴的就是股票交易所的经验，大家都在场内交易，集中报价、集中清算，因此央行可以及时地了解市场的买卖情况。但是这没有影响到后面随着汇率形成越来越市场化，我们的有形市场也逐渐无形化，我们有撮合交易，也有询价交易，而且询价交易占比越来越高，但我们仍然要求银行必须每天向中国外汇交易中心报告交易情况。

2008年金融危机发生以后，大家反思认为，一个很重要的原因是由于市场越来越开放，越来越自由，监管部门没有及时掌握交易数据，从而在一些极端的市场环境下，由于信息不对称，产生了市场恐慌。所以2008年以后国际金融体制改革一个很重要的内容就是弥合数据缺口，很多金融基础设施建立了数据报告中心制度。中国外汇交易中心是领先于国际潮流的，至少在外汇交易方面，到目前为止，不管是询价交易还是撮合交易、场内还是场外，都必须向中国外汇交易中心报告。全球外汇交易由国际清算银行（BIS）每三年做一次抽样调查，而我们每天的数据都有。

谈到汇率波动影响金融稳定，2022年大家议论比较多的另外一个事情是——A股出现了下跌。有一些人把A股下跌归咎于人民币贬值，但实际上股市和汇市走势的相关性并不意味着二者之间存在因果关系。以2022年上半年的数据为例：2022年上半年人民币贬值5.4%，上市公司有的有汇兑损失，有的有汇兑收益，轧差以后上市公司净汇兑收益307亿元，也就是说人民币贬值有助于改善我国上市公司的盈利状况。相反，2021年上半年，人民币升值了1%，结果我国上市公司净汇兑损失33亿元。

这告诉我们什么？股票投资者简单地把人民币贬值视作利空是非理性的，可能个别公司外币负债比较多，人民币贬值加大了其偿债负担，这作为投资者看空个股的一条理由是成立的，但是从上市公司整体来看，人民币贬值有助于改善上市公司盈利状况。从这个意义上来讲，人民币贬值不应该成为A股的利空因素。

提及"股汇双杀"，大家经常会联想起2015年"8·11"汇改时期。当时的"股汇双杀"有它的合理性。为什么？汇率贬值会通过两个渠道影响上市公司的盈利。一是贸易渠道，因为我们是贸易顺差，出口的外汇收入多于进口的外汇支付，所以这是利好。二是金融渠道，虽然中国总体是对外净债权，但是我们民间部门对外是净负债，因此人民币贬值会增加对外偿债负担。而且由于"8·11"汇改之前，人民币有20多年的单边升值行情，叠加人民币是高息货币，那个时候人们收到美元会赶快换成人民币，担心人民币升值导致换的人民币减少，即资产本币化；对外支付的时候尽可能借美元对外支付，即负债美元化。结果造成民间部门在"8·11"汇改前夕积累了巨额的对外净负债，到2015年6月底民间对外净负债是2.37万亿美元，占

GDP比重为22%。"8·11"汇改初期，人民币意外贬值，增加了我们的偿债负担，触发了市场恐慌，于是很多机构、企业、老百姓增加海外资产配置，提前偿还对外债务，最终造成资本集中流出。

但是我们在研究这段历史的时候要避免刻舟求剑，因为经历了2015年、2016年两年集中调整之后，中国民间对外净负债大幅改善，到2022年9月底民间对外净负债只有8 296亿美元，比2015年6月底减少了1.54万亿美元，占GDP比重下降了17个百分点。这意味着我国民间货币错配程度较"8·11"汇改时期明显改善。在这种情况下，大家对人民币贬值就没有那么恐慌，人民币贬值通过金融渠道带来的负向效应就没有那么大。所以我们不能简单地把2015年"8·11"汇改初期的"股汇双杀"经验照搬到今天。反而是现在人民币汇率弹性增加，起到了吸收内外部冲击的"减震器"作用。

2022年第二、第三季度中国民间部门对外净负债减少5 996亿美元，这并不意味着外资从民间撤走了近6 000亿美元，而是因为境外持有人民币股票、债券、存款贷款，外商来华投资的股权投资，都是用人民币计价，人民币在第二、第三季度累计贬值10.6%，导致折合的美元金额减少，贡献了我国民间对外净负债降幅的89%。这就是大家经常讲的"美元国际化"，美国经常通过汇率波动来调解它的债务负担。在人民币国际化过程中，如果汇率灵活，我们便可以逐渐享受这样的好处。这意味着，在金融开放背景下一定要有灵活的汇率政策，中国也不能例外。

对外资而言，人家投资你的金融市场，自然要承担当地货币汇率波动的风险，他们担心的不是汇率涨跌，而是外汇供不应求。如果不用汇率去出清市场，那就只能通过资本外汇管制手段，这就导致了不可交易风险，即升值的时候控流入，导致钱进不来；贬值的时候限流出，导致钱出不去。这才是外资最担心的问题。中国香港地区是联汇制，以牺牲货币政策的独立性为代价。中国内地是一个大型开放经济体，需要以我为主的货币政策，在这样的情况下，要扩大金融开放，只能让汇率保持灵活。2022年，外有美联储紧缩，内有疫情多点散发，面对这样的复杂环境，我国通过增加人民币汇率弹性，维护了国内货币政策的自主性。

前文提及在汇率波动的情况下央行是否应该干预，一是看金融稳定，二是看物价稳定。2022年全球高通胀回归，但是2022年中国消费者价格指数（CPI）是温和上涨的，全年只有2%，核心CPI是1%左右，工业生产者出厂价格指数（PPI）是单边下行，从2022年8月开始同比负增长（见图2-7）。所以中国通胀不是大问题，在全球高通胀情况下我国物价保持基本稳定，保障了基本民生，同时也拓宽了货币政策的自主性。

但是正如时任中国人民银行行长易纲在2018年10月参加国际货币基金组织秋季年会时讲的，中国是一个大国，大国的货币政策对内优先。也就是说，我国货币政策的松紧不是看美联储的脸色，也不是看跨境资本流动，而是看自己的增长、就业、物价稳定情况。他同时明确讲道，做任何选择都要接受这种选择带来的后果，包括对汇率的影响。2022年人民币汇率比较大的调整在一定程度上就反映了中美货币政策分化，中美利差由正利差转为负利差，而且负利差不断加深的影响。任何政策选择都是取舍，都有利有弊。

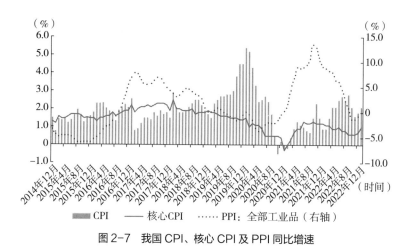

图2-7 我国CPI、核心CPI及PPI同比增速

资料来源：万得，中银证券。

人们常说，金融开放和汇率僵化是危险的政策组合。2022年人民币汇率弹性增强，市场化程度大幅提高，实际上为我国推动制度型开放提供了有力保障。2018年以来，人民币汇率不论是升值还是贬值，央行都恪守汇率政策中性和监管政策中性，没有再启用新的资本外汇管制措施，最多是重启一些宏观审慎手段。我国正在稳步推动扩大制度型开放，推动贸易投资的自由化和便利化。

在这种背景下，2022年5月，国际货币基金组织对特别提款权（SDR）篮子货币进行定值重估，把人民币的权重提高了1.36个百分点，对中国在2015年人民币入篮以来的改革开放，特别是金融改革开放取得的进展给予了肯定。过去这些年我国内外部环境复杂多变，我们开玩笑地讲，如果2019年8月人民币没有"破7"，2020年和2022年人民银行要"守7"就得"三班倒"，因为一天之内人民币汇率就有比较大的波动。正因为汇率市场化，我们才能够真正减轻对资本外汇管制手段的这种依赖,推动所谓的制度型开放。

这部分的主要结论有以下三点。

一是随着中国金融越来越开放,人民币汇率越来越具有资产价格属性,2022年人民币宽幅震荡主要是资本外流,特别是短期资本外流驱动,容易出现多重均衡和汇率超调,容易受到市场情绪的影响。2022年底反弹经济数据并不好,但是强预期弱现实,人民币照涨。在外汇市场、股票市场,中资和外资都一样。2022年最后两个月陆股通北上资金净流入900多亿元,全年才净流入900亿元,就是最后两个月把全年净流出逆转为净流入,投资者都是按照一个市场逻辑在做投资。

二是汇率灵活性增加,有助于及时释放压力,避免预期积累,发挥汇率吸收内外部冲击的"减震器"作用。到目前为止,境内外汇市场经受了人民币汇率剧烈震荡的考验。市场好不好,机制好不好,不是看它顺风顺水的时候,一定要看它在逆风逆水的时候能不能禁受住极端市场环境的检验。目前来看,这一套制度安排、政策操作总体上是成功的。

三是继续深化汇率市场化改革,事关中国高质量发展和高水平开放,有助于更好地统筹发展和安全。前文提及扩大金融开放和汇率政策僵化是危险的政策组合,"8·11"汇改前后的经验教训确实印证了这一点。中国也不例外。保持灵活的汇率政策,有助于我们更好地利用国内国际两个市场、两种资源,促进经济双循环。

二、人民币国际化的机遇与挑战

2008年金融危机发生以后,美联储实施零利率、三轮量化宽松政策,很多人都说美元一定是对外贬值,美元国际地位要被动摇。2020年新冠疫情暴发的时候,美联储实施零利率、"无上限"量化宽松政策,大家又说美元要进入中长期贬值通道。但是客观现实是怎样的呢？2015年和2022年的两次国际货币基金组织特别提款权审查结果表明,2008年金融危机以来受损失较大的国际化货币实际上不是美元,而是欧元。

2015年10月底,人民币被批准加入特别提款权,成为第三大权重的篮子货币,权重是10.92%,美元贡献了0.17个百分点,日元和英镑分别贡献了1.07和3.21个百分点,欧元贡献了6.47个百分点。2022年,时隔7年之后定值重估,人民币权重提高了1.36个百分点,这一部分反映了中国出口市场份额上升,大概贡献了2/3,还有1/3是来自金融交易中人民币的使用增加。实际上美元的权重提高了1.65个百分点,它的权重上升得比人民币还多。

五种篮子货币中,其他三种货币情况如何？欧元、日元和英镑的权重都下调了,其中欧元权重下调幅度最大,下调了1.6个百分点,所以我们可以看到这两次定值重估都是欧元受损比美元要大。为什么会这样？实际上一个很重要的原因是,决定国际化货币地位的主要还是经济实力,经济强则货币强。我们只看到了美联储的量化宽松、零利率政策,但实际上2008年危机以来,欧洲、日本实行的是负利率量化宽松政策,在货币政策上比美联储走得更远。

美国经济基本面总体上好于欧洲和日本。新冠疫情暴发之前，美国正在经历战后最长时间的经济扩张，一直到2020年2月疫情暴发，才经历了短暂的经济衰退，但马上又恢复了正增长。而欧元区和日本是怎么回事呢？欧元区和日本在疫情暴发之前陷入了长期经济停滞和通货紧缩。所以由量化宽松就得出美元要贬值、美元地位下降的结论是不对的。从经济实力来看，美国在发达经济体中还是处于比较强势的地位。

2020年底2021年初，市场上有一个非常流行的观点，认为美元会进入中长期贬值通道。当时我就讲这个是不对的。2020年初疫情大流行、经济大停摆、金融大动荡，那个时候的市场恐慌、避险情绪推动美元短暂升破100，但是3月底以后随着疫情恐慌逐渐平息，美元回落，2020年美元贬值。我当时指出，2021年避险情绪对美元的支持作用减弱，但是2021年美元是升还是跌的关键取决于疫情后谁的经济恢复更快。事后来看，2021年美元并没有像市场想象的那样走弱，反而反弹了6.7%，因为2021年全球经济都在疫情后有一个V形反弹，但是发达经济体的经济恢复快于除中国以外的新兴市场，在发达经济体内部，美国的经济恢复领先于其他发达经济体，所以美元就升值了。2021年美联储没有加息，只是在年底启动了缩减购债，2021年底英格兰央行开始加息。所以，由货币政策这一个变量无法推断汇率一定涨或一定跌，也无法推断货币的国际地位会受到什么样的影响。

前文已经提到，2022年一年市场热炒的话题就是外资减持美国国债。根据美国财政部的国际资本流动报告，到2022年底，外资持有美债余额是7.34万亿美元,比上一年减少4 260亿美元。很多人便认为,外资抛售了4 260亿美元。这是不对的,因为我们没有搞清楚国际收支的存量和流量概念。外资持有美债余额是存量,其中包含了估值因素的影响。2022年是什么情况? 2022年外国投资者累计净买入美债7 166亿美元,仅次于2008年的7 244亿美元。但为什么表现为外资持有美债余额下降?一个很重要的原因是2022年美国通胀导致美债收益率上行,美债价格下跌,按照存量统计的时候要市值重估,所以负估值效应是1.14万亿美元。有人又解释说,这叫被动抛售、被动减持。这个说法就有些牵强附会了,比如股市整体行情不好,我们持有的股票市值缩水,我说我自己被动抛了多少股票肯定是不合适的。搞清楚存量和流量数据之后,我们发现美元没有大家想的那么不堪。到目前为止,全球遭遇的是"美元荒"而不是"美元灾"。

有很多人关心中国持有的美债情况。中国2022年持有的美债比2021年减少1 733亿美元,从1万多亿美元降到8 671亿美元,因此大家热议中资在抛售美债。实际情况是什么?从流量统计来看,2022年中资只是净抛出美债285亿美元,比2021年减持规模下降77%,比同期的日本少了35%。我们减持美债主要是由于美债价格下跌带来的负估值效应达1 448亿美元。关键是,中国投资者减持美债以后,增持了美国的机构债和企业债。2022年,中国投资者净买入美国债券(美债、机构债、企业债相加)967亿美元,实际上增加了对美国的敞口,而同期日本净减持美国债券108亿美元。所以我们一定要把基本概念搞清楚,防止过度解读,更要防止出现误判。2022 年全球买了 1.67 万亿美元的美国证券资产，其中有 7 000 多亿美元美债。

看一个货币的国际化，一要看政策，二要看市场。在政策上，中国已经完成了人民币从非国际化向国际化的转变。在改革开放以前，中国实行计划经济、高度集中的外汇管理体制，人民币非国际化是严格外汇管制的一个重要组成部分。我们既不让人民币用于跨境计价结算，同时还限制人民币现钞出入境，这是外汇管制的重要组成部分。但是改革开放以后，随着人民币可兑换程度提高，资本项目越来越开放，我们逐步放松了携带人民币现钞出入境的限制，这是 20 世纪 90 年代做的事情。到 21 世纪初，我们开始在边境贸易中鼓励用双边本币作为计价结算货币。2003 年底，我们在中国香港地区启动了个人人民币业务试点。

香港是一个自由金融市场，没有外汇管制，当地用什么货币做计价结算没有限制。但是由于在 2003 年底以前没有正规银行清算渠道，所以香港和内地之间的人民币是快进快出，流量大、存量少。因为香港银行收了人民币以后，没有办法到内地来兑换成港币，吸收人民币存款也不能在内地转存，所以只有流量，没有存量。我们在 2003 年底启动了香港个人人民币业务试点，第一次通过一个正规的银行清算渠道规范跨境人民币流通使用。当时我们做了一个很大的尝试，就是用市场化手段把内地一些大家看起来比较"土"的资本外汇管制的要求，传导到香港这样一个自由金融市场。

当时我们是怎么做的？当时我们说香港可以提供人民币兑换和人民币存款、汇款服务，但是要有限额。香港监管部门说我们是自由市场，不能规定限额，至少不能由金融管理局（金管局）发一个通知说"每天只能兑换2万元人民币等值，只能汇款5万元人民币等值"。

但是后来我们怎么解决的呢？我们通过市场化的手段，与中国银行（香港）有限公司（简称"中银香港"）签署了一份清算协议，协议里写清了权利和义务，其义务就是执行我们的限额管理规定，其权利是在香港收兑的人民币可以到内地，用在岸人民币汇率兑成美元或者港币调回香港，在香港吸收的人民币存款可以转存内地。中银香港以这份清算协议作为主协议，和香港人民币业务参加行再签清算协议。香港银行可以自由选择签或不签协议。如果和中银香港签了清算协议，就要执行限额管理规定，之后吸收的存款可以转存给中银香港，中银香港再转存到内地，内地给中银香港付息，中银香港再给香港人民币业务参加行付息，进而可以给储户付息；香港人民币业务参加行收兑的人民币可以卖给中银香港，中银香港再卖给内地。

香港金管局会检查香港人民币业务参加行有没有执行清算协定，如果没有执行，金管局可以经营不审慎为由进行处罚，这样就形成了监管闭环。我们用市场化手段把内地一些监管要求传导到香港的自由金融市场。所以，我们可以看到，很多事情不是管不管的问题，关键是怎么管，管理是要讲艺术和技巧的。

2008年是一个重要的起点，因为美国次贷危机演变为全球金融海啸，大家对美元的信心发生动摇，韩国央行对中国提出能否实行本币双边货币互换，这是人民币国际化的一个重要起点。里程碑事件是 2009 年底，我国开展了跨境贸易人民币计价结算试点，人民币国际化开始提速。

2010 年 7 月，中国人民银行又和中银香港修订了人民币业务的清算协议。协议规定，如果人民币只在香港本地流通使用，则按本地规定办理相关业务，只有在内地和香港跨境流通使用的时候才需要遵守内地有关规定。这实际上给了人民币在香港流通使用一个很大的空间。正是在这一政策背景下，香港离岸人民币外汇市场应运而生。

2014 年底，中央经济工作会议首次把"稳步推进人民币国际化"写入党的文件。过去没有"人民币国际化"的提法，一般称"人民币在贸易与投资中的跨境使用"或者"跨境人民币业务"。2015 年底，十八届五中全会将"稳步推进人民币国际化"写入"十三五"规划。2018 年 1 月，《中国人民银行关于进一步完善人民币跨境业务政策 促进贸易投资便利化的通知》提出，凡依法可以使用外汇结算的跨境交易，企业都可以使用人民币结算。2020 年底，十九届五中全会审议通过《中共中央关于制定国民经济和社会发展第十四个五年规划和二〇三五年远景目标的建议》，提出"稳慎推进人民币国际化"。由此可见，中国和很多国家不太一样，中国是逐渐地由国家政策明确推动本币国际化，只是在不同阶段对人民币国际化的提法存在差异，刚开始是"稳步推进"，后来一度改成"稳慎推进"。

即便政策上鼓励本币国际化，本币是不是国际化货币还取决于国际上的接受度和认可度。市场上经常有一种看法，认为 2015 年

"8·11"汇改以后人民币国际化倒退了。这实际上是一种误解。为什么？在2015年"8·11"汇改以后，人民币国际化策略出现了大的调整，之前是在岸严格管制，你要持有人民币金融资产，只能在香港进行人民币存款，或者在香港买人民币的点心债。但是2015年"8·11"汇改之后，我们加快了在岸金融市场开放，境外可以直接在境内买股票、买债券。所以到2022年底，境外持有境内人民币金融资产中，股票和债券的占比达到69%，2014年底其占比只有27%。

而且我们看到，人民币国际化在国际上的接受和认可程度越来越高，人民币从2011年开始成为我国境内第二大跨境收付货币，第五大外汇储备货币、外汇交易货币、国际支付货币，第二大贸易融资货币，第六大国际银行业负债货币，第十大国际债券证券货币。

如果我们把国际货币体系按照中心—外围来划分，现在人民币显然是从外围货币向中心货币爬升的阶段。如果我们分得更细一点，用中心货币、次中心货币、外围货币来区分，现在人民币已经进入了第二梯队，就是次中心货币，和欧元、日元、英镑一样。当然我们主要是体量大，国际化的含金量、质量与传统的主要国际化货币还存在差距。

前文提到人民币在政策上已经完成了从非国际化向国际化的转变，但是很多国家，如新加坡，会限制本币国际化。为什么？一个很重要的原因是新加坡是小型开放经济体，如果本币国际化以后资金大进大出，容易造成当地金融资产价格和汇率的大起大落，因此政府不愿意主动推进本币国际化。

但是中国不一样，中国是大国，2022 年人民币汇率大起大落，充分展现了中国作为一个大型开放经济体的抗风险能力。1998 年，中国资本项目（含净误差与遗漏）逆差达 250 亿美元，相当于 GDP 的 2.4%。2022 年，资本项目（含净误差与遗漏）逆差为 3 176 亿美元，只相当于 GDP 的 1.8%（见图 2-8）。这反映出，随着经济体量的增长，承受能力也会大大增强。

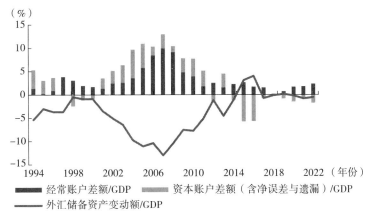

图 2-8　国际收支主要项目差额占 GDP 比重

资料来源：万得，中银证券。

而且，由于我国在岸市场有一个庞大的金融市场规模，所以我们现在吸收各种冲击的能力也大大增强。2015 年"8·11"汇改之前，人民币国际化主要是通过离岸市场驱动，大量金融资产是境外以人民币存款的形式持有。"8·11"汇改时，由于人民币意外走弱，引发了香港人民币存款下降，造成离岸人民币汇率较大的贬值压力，离岸人民币贬值也加剧了在岸人民币汇率的贬值预期。

2022年是什么情况？2022年2—3月香港人民币存款每个月下降1 000多亿元，那个时候我们还在说人民币走出了"美元强、人民币更强"的行情，因为2022年2月底爆发俄乌冲突，美元作为传统的避险货币升值了，大部分非美货币对美元都贬值，但是人民币相对美元保持强势，所以我们那时候还在炒作人民币是避险货币。这个例子说明，离岸市场容量有限，价格容易出现比较大的波动，但是哪怕现在外资持有的在岸人民币金融资产规模远超离岸市场，由于在岸市场容量比较大，所以外资很难掀起大的风浪。

过去大家经常讲，中国国内资产价格估值比较高，如果我们开放，会有大量资本外流。但实际上，这些年双向开放的经验表明这个观点是不成立的。资本账户开放以后存在本土投资偏好的问题。最典型的一个例子是，我国股票通北上和南下的资金同时开放，尽管由于各种原因港股通累计净买入量略大于陆股通，但是这个缺口最多是五六千亿人民币，而且这是2014年到现在的累计缺口，并没有出现大家担心的情况。这背后的原因就是，资本账户开放以后，投资者存在本土投资偏好。现在我们打开国门，让国内投资者买美股和港股，可能很多投资者还得想想，自己有没有能力在那个市场上赚钱。所以我们就通过这种管道式、渐进式的开放，慢慢积累经验，让大家对开放越来越有信心。

2020年底，十九届五中全会关于人民币国际化的提法是"稳慎推进人民币国际化"。但是时隔两年，2022年我们经历了人民币汇率的大起大落，到年底召开党的二十大的时候，表述变成了"有序推进人民币国际化"。"有序"相对于"稳慎"而言，我认为在政策上更加积极，因为"稳慎"是既要稳妥又要慎重，而现在是要统筹发展和安全，即"有序推进"。

在2023年3月3日国务院新闻办会议上，时任国家外汇管理局局长潘功胜先生专门谈到人民币国际化，他讲到当前人民币国际化面临好的环境和机遇：一是人民币已经初步具备了国际化使用的网络效应，二是企业在跨境贸易投融资中使用人民币以规避货币错配风险的意愿上升，三是人民币避险功能逐步增强，四是国际货币体系发展多元。同时，他也讲了下一步要做什么：一是完善人民币国际化的金融基础设施，扩大清算行网络；二是推动金融市场向制度型开放转变；三是支持离岸人民币市场发展；四是提升开放条件下跨境资金流动的管理能力和风险防控能力。

我个人认为我国在下一步推进人民币国际化的过程中有以下机遇。

一是中国拥有系统性重要经济金融体系。只要中国经济不出问题，人民币金融资产对外国投资者仍然有很大吸引力。

二是党的二十大报告再次强调要稳步推进制度型对外开放，这是我国高水平开放的重要内容，即我们的交易规则、监管规则要和国际上最高标准逐步接轨。

三是这些年我国汇率市场化程度逐步提高，让我们对人民币国际化更加有信心、有底气。我们一再强调僵化的汇率安排和金融开放是危险的政策组合，但现在我们已经闯过了这一关。

四是中国这些年来坚持实施正常的财政货币政策，有助于增加人民币的信用。特别是大家看到由于前期美国财政货币双刺激，快进快出，酿成了欧美银行业动荡，遭遇了前期大放水的反噬。我认为这件事情的余波没有过去,大家会对这些发达国家的宏观经济政策有更深刻的思考。而在这一轮危机应对中,中国政府的政策相对还是比较成功的。

五是国际货币体系多极化发展。从经济层面来讲就是美国在国际经济和贸易中的地位在下降,但是国际社会对美元的依赖还是过大,这才造成了美联储货币政策不论松或紧都有巨大的溢出效应。这一波美联储激进加息,不仅使新兴市场发展中国家深受其害,发达经济体也受了不少罪。为什么欧洲央行最后追赶加息?2022年7月欧洲央行行长克里斯蒂娜·拉加德(Christine Lagarde)明确讲道,其中一个重要原因就是欧元对美元贬值太多了,欧元贬值加上大宗商品价格上涨,加大了欧元区的输入性通胀压力。日本央行过去多少年没有干预,但迫于输入性通胀压力,2022年9月、10月也大举入市干预。这在很大程度上都反映了美联储货币政策带来的风险。还有近些年一些主要储备货币发行国把货币武器化,也动摇了国际货币体系的信用。

但是我们也要看到,挑战是客观存在的。

一是国际货币体系存在网络效应路径依赖。一旦大家使用一种国际货币形成习惯以后,便不会随意改变习惯,而这种货币使用越多,交易成本就越低,对后发的新兴国际化货币是比较大的挑战。

二是中国外汇市场体量较小,制度安排有待完善。尽管2022年全球外汇市场调查显示人民币外汇交易有比较大的增幅,但是仍然小于主要的国际化货币,而且品种不是很丰富,限制比较多。

三是货币国际化要提供便利,吸引大家持有人民币金融资产,但是中国金融市场和海外成熟市场之间存在比较大的差距。

四是中国金融市场对外开放层次有待进一步提高。制度型开放要和国际最高经贸规则接轨。资本账户开放的最高规则是负面清单，我们现在短时间内达不到，至少我们应该做到的是，开放的政策不能随便收回，这需要提高立法层次，取信于市场。

五是在跨境贸易里能否使用本币计价结算，取决于我们在贸易里有没有竞争力，有没有定价权，这方面我们面临比较大的挑战。

此外，国际货币体系多极化发展对人民币国际化是机遇也是挑战，当前大国博弈加剧，全球化的"去中国化"风险上升。这在某些时候、某些方面也会影响大家选择持有人民币金融资产。

这部分的主要结论有以下三点。

一是我们要清醒认识到过去十多年来国际地位受影响比较大的是欧元，美元的国际地位不降反升，特别是2022年全球范围内遭遇了"股汇债三杀"，全球遭遇"美元荒"而非"美元灾"。

二是中国作为大型开放经济体已经在政策上完成了从人民币非国际化向国际化的蜕变，而且近年来人民币在市场上的国际接受度和认可度也不断提高，最重要的是巩固和提升人民币在次中心货币中的地位。

三是有序推进人民币国际化机遇与挑战并存，关键是做好自己的事情，首要的是保持经济运行在合理区间。经济强则货币强。我们不能为了国际化而国际化，我们要让国际化服务于国内的改革开放，服务于国内的经济发展。当然我们同时要完善宏观经济治理，大力发展国内金融市场，稳步推动制度型对外开放。

三、消失的万亿美元顺差

有一种说法是,把 2022 年中国贸易顺差和外汇储备变动直接对比,贸易顺差为 8 766 亿美元,外汇储备下降 1 225 亿美元,缺口近 1 万亿美元,很多人说有关部门应该对这消失的 1 万亿美元作出解释。

有人的算法更加复杂,他不但看到了贸易,而且把服务贸易、直接投资差额放进来,算出来 2020—2022 年中国全口径顺差规模是 1.9 万亿美元,而外汇储备、外汇存款都没有增加多少,那么这些顺差是不是不翼而飞了?

怎么看待这个问题?这实际上属于对账,对账就要有一个参照系。在做这个对账的时候,我认为参照系应该是国际可比口径。众所周知,宏观经济有四大账户——国民收入账户、财政账户、货币金融账户、国际收支账户,对应的是经济增长、物价稳定、充分就业、国际收支平衡这四个宏观调控目标。国际收支账户里又有国际收支平衡表和国际投资头寸表,国际收支平衡表是流量统计,国际投资头寸表是存量统计。国际收支平衡表是全口径数据,不仅有贸易,还有非贸易;不仅有经常项目,还有资本项目;不仅有中央银行部门,还有中央银行以外的存款性公司、广义政府、公司部门、家庭部门。

通过国际收支平衡表,我们可以清楚看到,2020—2022 年三年经常项目累计顺差是 9 836 亿美元,其中货物贸易顺差是 1.76 万亿美元,服务贸易逆差是 3 467 亿美元;资本项目(含净误差与遗漏)净流出 6 666 亿美元,其中直接投资净流入 3 376 亿美元,短期资本(含净误差与遗漏)净流出约 1 万亿美元;剔除估值影响的储备资产增加了 3 171 亿美元,其中外汇储备资产增加了 2 711 亿美元(见表 2-1)。

表 2-1　2020—2022 年国际收支平衡表数据情况(单位:亿美元)

项目	2020 年	2021 年	2022 年	三年累计
经常项目差额	2 488	3 173	4 175	9 836
货物贸易	5 111	5 627	6 856	17 594
服务贸易	−1 525	−999	−943	−3 467
初次收入	−1 182	−1 620	−1 942	−4 744
二次收入	85	165	205	455
资本项目差额	−2 200	−1 291	−3 175	−6 666
直接投资	994	2 059	323	3 376
短期资本(含净误差与遗漏)	−3 194	−3 350	−3 498	−10 042
储备资产变化	−289	−1 882	−1 000	−3 171
其中:外汇储备资产变化	−262	−1 467	−982	−2 711

资料来源:国家外汇管理局,中银证券。
注:2022 年数据为初步数据;储备资产及外汇储备资产变化为负值代表增加,正值代表减少。

如果说用国际收支平衡表对账,只有净误差和遗漏可能是说不清道不明的,其他的国际收支平衡表有线上项目相对应,都能找到相关的数据。而现在不论是用货物贸易直接和外汇储备对比,还是加上服务贸易、直接投资,这些都只是国际收支平衡表里面的部分数据,只是中国国际经贸往来的一部分,而不是全部,这样对账肯定是以偏概全,也属于管中窥豹。

大家稍微留意一点又会发现,国际收支口径的货物贸易和直接投资数据,与我们平时看到的数据不太一样。比方说,2022 年海关统计货物贸易进出口顺差是 8 766 亿美元，但是国际收支口径的进出口顺差只有 6 856 亿美元。这告诉我们，平时看到的贸易和投资数据是不可以直接拿来和国际收支数据对比的，因为统计口径不同。其中有个很重要的原因是，海关公布的进出口数据、商务部公布的直接投资数据都是月度数据，相对于国际收支的季度数据而言属于高频数据。外汇市场瞬息万变，大家自然而然地会更关注高频数据变化，这是情有可原的，但还是要提醒大家，在研究这个问题的时候，要注意海关和商务部的数据与外汇局的国际收支数据不完全是可比口径。并不是说谁对谁错，而是不同部门的统计数据服务于不同的统计目的，比如商务部的利用外资、对外投资数据也是联合国贸易和发展会议采信的数据。所以，商务部的统计、海关的统计都符合国际惯例，但是和国际收支账户统计口径不一样。

货物贸易项下，海关口径和国际收支（BOP）口径的差别是什么？一个很重要的差别是在计价方面，海关口径的出口货值是按照离岸价格（FOB），进口货值是按照到岸价格（CIF），其中的运费和保费按照国际收支口径应该放到服务贸易里。另一个差别是，国际收支统计里会补充部分进出口退运以及海关没有统计的转手买卖下的货物净出口等数据。还有一个差别是，国际收支统计调整了因特殊代工模式和计价方式差异造成的口径差异。

通常来看，海关口径的出（进）口数据大于国际收支口径的出（进）口数据。2021 年之前，进口和出口差额只有数百亿美元，但是 2022 年出现了比较大的变化，进口只相差 370 亿美元，但是出口差额跳升到 2 290 亿美元，这导致海关口径的进出口差额和国际收支口径也是不同的（见表2-2）。为什么会这样？一个很重要的原因是中国"无厂制造"模式盛行，很多跨国公司可能在中国本地没有设厂，但是把一些生产环节、销售环节安排在中国，海关是根据货物进出境来进行统计，而国际收支则是按照货物权力转移来进行统计，这就导致两个口径的数据存在比较大的差异。

表2-2 2017—2022年海关口径与BOP口径的货物进出口额对比（单位：亿美元）

项目	2017年	2018年	2019年	2020年	2021年	2022年
货物出口：海关口径	22 633	24 867	24 995	25 900	33 571	35 936
货物出口：BOP口径	22 162	24 174	23 866	25 100	32 159	33 646
货物出口：海关–BOP	471	693	1 128	799	1 413	2 290
货物进口：海关口径	18 438	21 357	20 784	20 660	26 867	27 160
货物进口：BOP口径	17 403	20 374	19 936	19 989	26 531	26 790
货物进口：海关–BOP	1 035	984	848	671	336	370
贸易差额：海关口径	4 196	3 509	4 211	5 240	6 704	8 776
贸易差额：BOP口径	4 759	3 801	3 930	5 111	5 627	6 856
贸易差额：海关–BOP	−564	−291	281	129	1 077	1 920

资料来源：国家外汇管理局，海关总署，万得，中银证券。
注：2022年国际收支口径的货物贸易数据为初步数据。

商务部的统计也是一样。商务部一般统计月度的对外直接投资（OFDI）和外来直接投资（FDI），只统计流量，比如对外投资流出多少、利用外资流入多少，但不统计对外投资的撤资、利用外资的撤资。就像我们讲工商部门经常会公布新增注册登记企业有多少家，但实际上每天也有一些企业注销，现存企业数量不是简单地把新注册登记的企业加进来，还要把注销企业减掉。此外，商务部的来华直接投资数据没有包含外商投资企业的未分配利润、已分配未汇出利润，还有外商投资企业内部关联企业贷款、境外股东向境内外商投资企业的放款等。

2004年以来，国际收支口径的外来直接投资通常大于商务部口径的外来直接投资，特别是2010年以后，这两个口径的数据差距明显扩大（见图2-9）。2010—2021年，两个口径年平均差距是1 074亿美元，其中2013年相差将近1 670亿美元；但两个口径的对外直接投资数据差距不大，平均每年只相差69亿美元（见图2-10）。从差额来看，国际收支口径直接投资只有2016年出现净流出，其他年份都是净流入，商务部口径直接投资多次出现对外直接投资超过利用外资，这也是统计口径不同造成的（见图2-11）。我们看到月度高频数据和国际收支数据由于统计口径不同，规模也不一样。

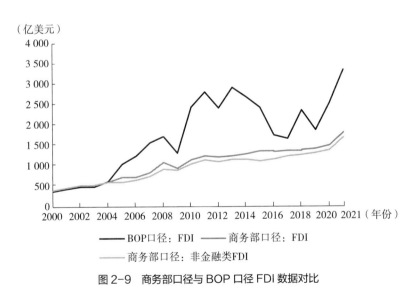

图2-9　商务部口径与BOP口径FDI数据对比

资料来源：UNCTAD，商务部，国家外汇管理局，万得，中银证券。

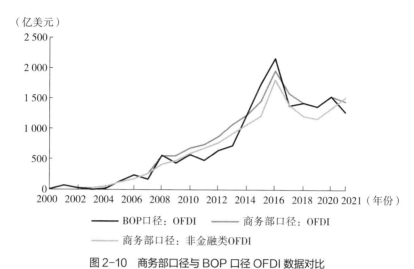

图 2-10　商务部口径与 BOP 口径 OFDI 数据对比

资料来源：UNCTAD，商务部，国家外汇管理局，万得，中银证券。

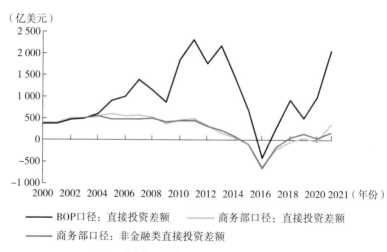

图 2-11　商务部口径与 BOP 口径直接投资差额对比

资料来源：UNCTAD，商务部，国家外汇管理局，万得，中银证券。

还有一个很重要的问题是，我们看到海关统计的进出口顺差不必然等同于外汇收支顺差。为什么？一部分是因为，有些进出口是不用收汇也不会付汇的。比方说，外商投资企业的设备进口就不用购汇对外支付，因为会统计在外商来华投资的股权投资里，在国际收支平衡表里记在负债方外商直接投资流入和货物贸易项下的进口对外支出中。另外一部分是因为，货物进出口和收付款之间存在时间差，我们在较长时间内存在出口收汇金额小于海关出口金额、进口付汇金额大于海关进口金额的情况，即出口少收、进口多付，因此在较长时间内都是货物贸易涉外收付顺差小于海关进出口顺差。其中，有些进出口企业之间存在相互赊账的行为。国际收支口径统计是按照权责发生制，而非现金收付制。如果有一笔货物出口但没有收到货款，按照权责发生制，这笔钱在贸易信贷项下会记录为资产增加，即资本流出。

我国国际收支申报体系以间接申报为主，很多数据是在银行柜台办业务的时候逐笔采集的，这在国际上很少见。这其中存在的一个最大的问题是，现在资本账户越来越开放，资本项下很多交易是基于权责发生制记录的，而当没有实际跨境收付的时候，企业、个人通常不会来银行办业务，银行就没有数据。在这种情况下，我们只能通过抽样调查的方式去估算这方面的数据。但是受制于样本数的局限性和抽样频率，贸易信贷的统计质量难以保证。

前文提到，总体上贸易项下涉外收付顺差小于海关进出口顺差。理论上来讲，贸易信贷资产增加要多于负债增加，但是相关缺口不能在贸易信贷上得到充分反映。反映不出来的这部分缺口最后只能归为净误差与遗漏，净误差与遗漏的负值就是这么来的，后文会具体探讨如何看待净误差与遗漏这个问题。

另外,我们还要注意,我们通常看到的贸易和投资都是流量数,而外汇储备、外汇存款都是存量数,存量和流量不可以直接拿来对比,因为存量数里包含了估值影响,既包括汇率变化引发的估值影响,也包括资产价格波动引发的估值影响。前文已述2022年货物贸易顺差是8 766亿美元,而外汇储备余额减少了1 225亿美元,但是实际上2022年我国外汇储备资产增加了982亿美元,只是全球"股汇债三杀"导致的负估值效应为2 207亿美元,所以我国的外汇储备是"名减实增",跟外资持有美债一样。

我们不能简单地把月度跨境贸易和投资数据直接和外汇储备变动进行对比,其中特别要注意的是,2017年以后央行基本退出外汇市场干预,而且2007年之后我国从强制结汇变成了意愿结汇,允许企业100%持有出口外汇。在这种情况下,如果企业将贸易收付款顺差卖给银行,有可能变成银行直接持有,而不是变成外汇储备;如果企业自己持有,就变成了企业的外汇存款增加。所以现在民间外汇运用成为吸收和消化贸易顺差的一个重要渠道。这也符合一般道理,在央行不干预的情况下,贸易是顺差,非贸易就一定是逆差;不是银行持有,就是企业持有。

前文提到,我们的货物贸易进出口和货物贸易的外汇收支经常对不上,是造成净误差与遗漏负值的一个重要原因。很多人把净误差与遗漏负值视同为"资本外逃"。2020—2022年前三季度净误差与遗漏负值累计3 666亿美元,这是造成贸易和投资顺差与外汇储备变动对不上的主要原因。

我们在做日常研究的时候通常把净误差与遗漏处理为资本外

流，上文讲到的资本项目或者短期资本流动都是含净误差与遗漏的，但是在监管上不宜简单地把它视为资本外逃。资本外逃在中文里通常是贬义词，是指违法违规的资本流出。为什么这么讲？因为净误差与遗漏负值既可能是统计原因造成的，也可能是监管原因导致的。在统计上，净误差与遗漏负值既可能是经常项目顺差高估了（比如为了达到地方外贸业绩考核目标，地方企业会配合政府把出口数据做高一点），也有可能是资本项目流出低估了（中国长期是宽进严出的外汇管理体制，所以我们对资本流入的统计制度比较健全，但是对于对外债权、股权投资的统计不健全可能就会导致遗漏）。

不过，我们没法量化其中多少是因为经常项目高估，多少是因为资本项目流出低估。如果能够量化，哪怕是估算，只要大家接受，我们就可以放到线上项目去；即便是违法违规的资本外逃，如果能够查实，也可以按照统计原则把它放到线上项目去。我们在编制国际收支平衡表时，会定期与海关交换相关数据，把海关查获的进出口走私还原到货物贸易项下。大家可能觉得把违法违规的交易统计进来是不可思议的，但这是合理的，因为统计就是统计，统计不是监管，它不需要区分好坏。比如我们在进行人口统计时，并不能因为某人坐牢就不将其统计到人口数据中。

另外，如果我们简单地把净误差与遗漏视为资本外逃，这也是有失偏颇的。为什么？实际上大量的资本外逃有可能就是披着合法的外衣隐藏在依法合规的跨境投融资活动或者经贸往来中，最典型的就是跨国公司内部定价，通过出口低报、进口高报来转移利润。

人们对于中国贸易投资顺差去向提出各种质疑，本质上反映的是外汇短缺时期"宽进严出"的思维惯性。人们习惯了中国国际收支双顺差，认为顺差就是好事，逆差就是坏事，当然这也是当前市场预期转弱的一个重要表现。一个很有意思的现象是，从2009年开始，中国净误差与遗漏都是负值，但是升值的时候大家通常不会关注这个问题，一到贬值的时候，大家一把这个问题拿出来讨论，就会跟"资本外逃"挂钩。

怎么来应对这个问题？我认为第一个应对之道是增加国家收支数据透明度。一是加强宣传教育，普及国际金融知识，进行有针对性、及时的舆论引导。二是针对不同部门之间的统计口径差异给出调整依据或者方法，比如前文解释了直接投资，货物贸易里海关口径和国际收支口径、商务部口径有哪些差异，那都是定性的，如果我们能针对每一部分怎么调整给出方法和依据，可能会让大家更加相信统计数据的质量。三是提高数据公布频率，保证数据的及时性。前文提及，大家平时更关注贸易和投资数据是因为那都是高频数据、按月发布，而国际收支数据是按季发布，而且每个季度滞后的时间比较长——滞后两个月披露初步数，滞后三个月披露正式数。但外汇市场瞬息万变，三个月以后就很少有人关心相关数据了。现在韩国、日本都会按月披露国际收支数据，美国财政部的国际资本流动报告也是按月披露。如果我们能做到高频率披露，将在一定程度上有利于释疑解惑。

第二个应对之道是，应对防范化解资本外逃带来的冲击，齐抓共管、标本兼治。就是要坚持疏堵并举，在加强政策协调、信息共享，形成监管合力的同时，根本之策就是营造市场化、法治化、国际化的营商环境，加强产权保护，增强市场参与者的安全感、获得感，同时有序推进金融双向开放，变暗为明。最后是改进国际收支统计方法，提高统计质量。

中国经济 50 人论坛丛书
Chinese Economists 50 Forum

第三章　中国人口转变的独特性及其影响①

都　阳②

---

① 本文根据 2023 年 4 月 13 日长安讲坛第 400 期内容整理而成。
② 都阳，论坛特邀专家，中国社会科学院人口与劳动经济研究所党委书记、所长。

人口问题是近期关注的焦点,中国的人口转变与其他经济体有很大区别,这种独特性给经济发展带来了重要的、与众不同的约束。

一、中国的人口转变过程及其独特性

人口转变是指在不同的经济发展阶段,以人口出生、死亡、自然增长的不同状态为标志的人口发展过程。一般来说,与经济发展阶段相对应,在社会生产力水平低下的情况下,人口发展处于高出生、高死亡、低增长的状态;随着经济发展水平的提升,人口死亡率开始下降,人口发展向着高出生、低死亡、高增长的阶段转变;经济社会发展到一定水平后,人口的出生率开始下降,人口发展步入低出生、低死亡、低增长的时期。人口发展在上述不同阶段之间的进阶转换过程,就是所谓的人口转变过程。对于某一个特定的经济体而言,人口转变过程必然具有与一般路径不同的可能性。

在新近的研究中,Delventhal 等人(2021)[①] 整理了 186 个国家、时间跨度为 250 年的出生率和死亡率数据,以观察人口转变的规律性。主要有以下几个结论:第一,人口转变的过程存在于每一个国家,它们或已经完成了人口转变,或正处于人口转变的进程中;第二,总体上看,人口转变的速度越来越快;第三,一个国家的人口转变过程受到周边国家人口转变进程的影响。

中国是什么情况呢?图 3-1 显示了中国的出生率和死亡率变化,图 3-2 是人口自然增长率(出生率减去死亡率)。可以看到,除了新中国成立初期某些极端年份有一个跳跃之外,早期的出生率和死亡率都很高,之后快速下降。到 2022 年,粗出生率已经低于粗死亡率,人口负增长开始出现。

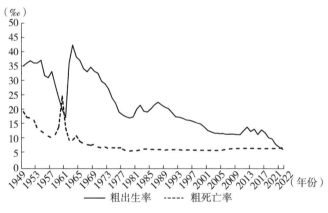

图 3-1 1949—2022 年我国人口粗出生率、死亡率

[①] 参见 Matthew J. Delventhal, Jesús Fernández-Villaverde, Nezih Guner, 2021. "Demographic Transitions Across Time and Space," NBER Working Papers 29480, National Bureau of Economic Research, Inc.。

第三章 中国人口转变的独特性及其影响

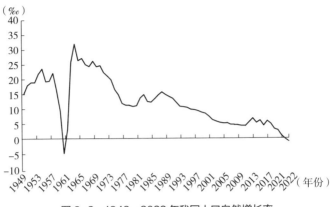

图 3-2　1949—2022 年我国人口自然增长率

从人口统计角度，要看总和生育率这个指标。总和生育率是各年龄段育龄妇女的生育水平的加总，其人口统计学含义是指，同一批女性按照当年的分年龄生育率渡过整个生育期所生育的子女数。一般认为，总和生育率 2.1 左右是维持人口简单再生产的生育水平，即人口处于更替水平的生育率。图 3-3 显示，从 20 世纪 90 年代初期开始，中国人口再生产进入了"低出生、低死亡、低增长"的现代型人口增长阶段，人口数量长期保持着低水平的增长，人口的自然增长率在大部分时间内保持着逐渐下行的轨迹。

中国人口转变的独特性体现在哪里？一个很重要的特点就是人口转变速度快。尽管人口转变加速是全球范围内普遍存在的现象，但中国人口转变的速度明显快于其他经济体，如果以生育率达到更替水平以下为标志，中国用几十年的时间走过了其他国家上百年的历程。

人口转变的核心是生育率水平的不断下降。严格的人口政策和快速的经济发展相继对生育率的下降产生了重要推动作用，是中国

073

人口发展进程快速转变的主要原因。我们在十几年前做过一项研究，观察人口政策和经济发展水平在不同阶段对中国生育率下降的影响。20 世纪 70—80 年代，生育率下降的最主要因素是人口政策，但从 20 世纪 90 年代开始，人口政策这个变量已经不显著，取而代之的是经济的快速发展。

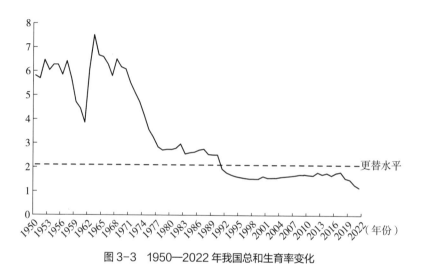

图 3-3　1950—2022 年我国总和生育率变化

人口快速转变的过程表现在经济发展上，相对于每一个发展阶段，都有一个人口转变的形态。中国的人口转变进程大多领先于经济发展自发作用的人口结果，并由此构成了经济发展中的独特因素，已经（生育率下降与劳动年龄人口达峰）、正在（人口快速老龄化）和将要（总人口达峰）对中国经济产生重要影响。

生育率的快速下降是人口转变的核心。图 3-4 的横轴是人均 GDP，反映了经济发展水平，纵轴是总和生育率，每一个圆圈代表一个国家。可以看到，随着经济发展水平的提高，总和生育率有明显的下降趋势。按照图中的规律，可以预测特定发达阶段的生育水平，在这条线的附近是一个均值。中国的总和生育率目前是1.3，远远低于当前经济发展水平所对应的平均生育率水平，实际上是一个人口发展领先于经济发展的过程。生育率的下降领先于经济发展进程的自发结果，既体现了中国人口转变进程的个性化特征，也是未来摆脱低生育率水平的希望所在。

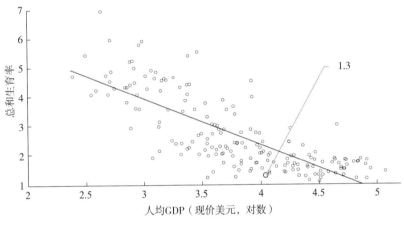

图3-4 人均GDP与总和生育率的关系

二、劳动年龄人口负增长与刘易斯转折

生育率的影响有几个方面。

劳动人口达峰带来劳动力市场的转折。发展中国家在经济起飞后会经历劳动力市场从劳动无限供给的二元经济向一体化的劳动力市场转变的过程，称为"刘易斯转折"。图3-5中的P点就是转折点，一个国家结束了劳动无限供给、人口数量多、城乡互相分割、农业劳动

力源源不断地贡献到非农部门的状态。对于绝大部分经济体来说，这个过程都是需求侧的因素推动的：通过经济的非农部门或者现代部门不断发展，逐渐创造出越来越多的就业机会，吸纳农业部门或者传统部门的劳动力，让他们逐渐转移出来，进而造成劳动力的短缺，同时不断抬高制度工资，使城乡之间逐渐走向一元化的道路。

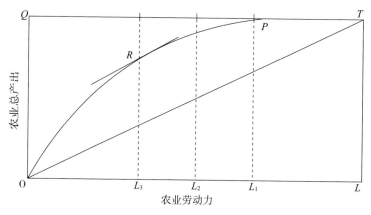

图 3-5　二元经济发展的阶段与转折点

但对中国而言，其实还有另外的因素在起作用。比如 2011 年，中国的劳动年龄人口达到峰值，此后劳动人口数量开始迅速减少。此后几年，无论用什么标准来定义劳动人口，结果都是大幅度减少。如果和韩国、日本进行比较，中国有一个很明显的特点，就是人口因素导致劳动人口的供给侧产生变化，助推了劳动力市场转折的过程。假设没有人口因素的推动，中国达到劳动人口转折的时间点比现在要晚。供给侧因素发生作用，是我们区别于一些经济体的很重要的方面，原因是人口转变在几十年前已经埋下了种子。

由此带来了一些变化，比如普通工人的工资增长较快。从图 3-6

可以看出，在一些年份里，农民工的工资增长速度快于 GDP 的增长速度，这就是供给侧的因素导致的。工人的工资增长，可能是因为劳动生产率提升，也可能是因为稀缺性增加。如果仅仅是因为人的稀缺性增加了，工资增长并不需要劳动生产率的增长。图 3-7 是单位工资成本和单位劳动力成本的比较，从 2005 年到现在，单位劳动力成本在不断上升。因此，仅仅是人口因素的变化就会导致劳动力市场发生一些现象，这些现象和经济发展的其他过程是没有关系的。

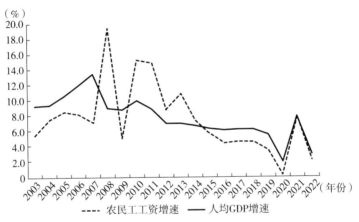

图 3-6　2003—2022 年我国农民工工资增速与人均 GDP 增速对比

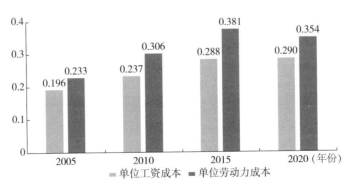

图 3-7　2005—2020 年我国单位工资成本和单位劳动力成本对比

劳动力成本上升之后，企业会做出一些反应，特别是劳动密集型企业，当雇用劳动力越来越昂贵的时候，企业必然倾向于使用劳动替代技术，即所谓的技术进步。当这些因素反映到劳动力市场上，就业结构就会发生变化。图3-8的横轴是就业结构，每一个圆圈代表一个行业的就业人数，圆圈越大说明就业人数越多，纵轴是就业结构变化。左图说明，在2010年，就业人数越多的行业，就业增长也越明显，图中曲线往上走。右图说明，2015年以后，原来就业人数比较多的行业，就业反而在减少。经济和就业结构出现了一个转折性的变化，已经很明显。

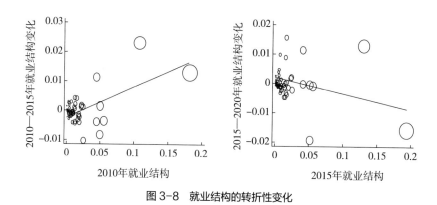

图3-8 就业结构的转折性变化

就业的损失是否超越经济发展阶段？这个问题不好回答。但是人口因素所推动的劳动力市场的转折，对于劳动密集型行业的发展形成了外生的冲击。这可能与经济的自发进程（即经济发展阶段引起的结构变化）有所差异，纯粹是由人口因素带来的。因此，当就业的损失超过就业的创造，就有可能导致结构性甚至总量的就业不平衡，近期的很多就业情况都与此相关。

人口转变对中国过去十年的劳动力市场、就业结构和就业总量都产生了影响。

三、人口快速老龄化对经济增长的影响

人口快速老龄化是人口快速转变的结果。2022 年，中国 60 岁及以上的人口总量为 2.8 亿人，占总人口的比重为 19.8%；65 岁及以上的人口总量达到 2.1 亿人，占总人口的比重为 14.9%。根据普遍接受的标准（65 岁及以上人口占比为 14%），中国已经步入中度老龄化社会。

从历史的长河看，人口老龄化对于人类社会是一个新现象，但中国的人口老龄化水平和速度明显领先于经济发展自发进程的结果，人口转变过程的独特性是背后的推手。这决定了中国人口老龄化形势的两个主要特征：未富先老和快速老龄化。这也是中国应对人口老龄化所需要解决的主要难题。

中国人口老龄化还有一个特点就是巨大的老年人口规模。2010 年，中国 65 岁及以上的人口为 1.19 亿，占世界同年龄组人口（5.35 亿）的比重为 22.2%，2020 年该比重达到 28.4%，10 年上升了 6.2 个百分点。由于中国的人口老龄化进程快于其他很多经济体，这一比重还将持续上升。这就意味着其他国家通用的养老模式在我国不能成为一个主导模式，比如小的经济体可以通过开放的经济去享受世界增长的红利，我国应对人口老龄化的主要模式则应该主要立足国内的经济增长和劳动生产率的不断提升。

同时,中国(老年)人口问题对于世界而言具有内生性,全球要素供给、价格水平和技术进步方式都受到中国老龄化巨大规模的影响。

未富先老的特征依然明显。从表3-1可以看出,20世纪70年代初欧洲一些国家65岁及以上人口就达到了14%,但人均GDP水平已经相当高,比如瑞典已经超过27 000美元。我国在2021年进入中度老龄化,当时人均GDP是10 371美元。相对于老龄化水平,我们的经济发展水平还很不够。

表3-1 世界主要国家进入中度老龄化的时间及人均GDP

国家	进入中度老龄化的年份	中度老龄化时的人均GDP(2010年不变价美元)
德国	1972	21 031
瑞典	1972	27 255
英国	1975	19 609
意大利	1988	29 325
法国	1990	32 524
葡萄牙	1992	17 640
西班牙	1992	23 128
日本	1995	40 369
荷兰	2004	47 576
加拿大	2010	47 448
澳大利亚	2013	54 130
美国	2014	51 066
俄罗斯	2017	11 551
韩国	2018	28 158
中国	2021	10 371

另外,快速的人口老龄化进程也与人口快速转变相关。图3-9显示了2020—2050年世界十大经济体的人口老龄化进程,竖线越

长说明变化越快。2020年，我国老龄化程度与发达国家相比还不是很高。比如美国65岁及以上人口比重是16.2%，日本接近30%，法国和意大利也都很高，我国比印度和巴西稍高一点，在十大经济体中排第八位。但是到2050年，我国老龄化程度将超过30%，跟日本的差距缩小，与德国大体相当，在十大经济体中位居第四。相对于发达国家，我国现在的人口老龄化水平较低，但是在未来的一段时间里，我们会以更快的速度赶上发达国家。这正是我们担心的问题，如果经济发展速度赶不上人口老龄化追赶速度，可能会面临经济发展的很多挑战。

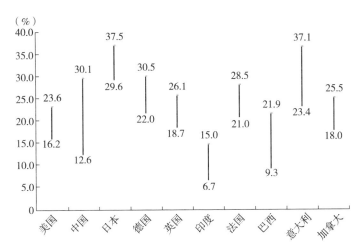

图3-9　2020—2050年世界十大经济体中65岁及以上人口比重

老龄化对经济增长是不是有影响呢？沿用经典的CD生产函数框架，经济增长按其来源可做以下分解：

$$\dot{Y} = \dot{y} + \dot{L} = \dot{L} + \left(\frac{\alpha}{1-\alpha}\right)\frac{\dot{K}}{Y} + \dot{A} \qquad (3-1)$$

对任何一个经济体来说，总产出的增长来源于人均产出（劳动生产率）增长和劳动投入的增长，而劳动生产率的增长又来源于资本产出比的增加和全要素生产率的提高。因此，如果人口老龄化对等式（3-1）右边的任一因素产生影响，都将会影响总产出的增长，而其净效应则是各类影响的总和。

为什么快速人口老龄化更值得关注？第一，劳动年龄人口迅速减少与工资的快速增长可能对原有的产业及其比较优势产生冲击。第二，老龄化引发的劳动力短缺和工资上涨会推动诱致性技术变迁的发展。然而，技术变迁受要素相对价格影响，其推进是渐进的过程。如果老龄化进程快速推进，有可能形成冲击性的影响，技术进步的替代可能来不及发生。第三，快速的深度老龄化（2020—2025年，80岁以上的老人将增加15.2%，达3 376万人）不仅增加了养老的资金支出，也使得长期看护、医疗保障等赡养成本迅速增加；从生命周期的角度看，快速的老龄化由于在短期内增大抚养比，而使消费、储蓄、投资的相互关系发生突然变化。

从人口老龄化对消费的影响来看，随着年龄的增长，与工作相关的消费（如交通、住房等）会明显下降，对医疗的消费会增加很多。这两种不同类型的消费对经济发达国家的结果是不一样的。深度老龄化会引起长期照料需求的增长，人口抚养比也将快速增长（见图3-10），由此导致一系列变化。

图3-11反映了年龄与收入的关系，一个人获得收入的时期即参与社会活动的劳动年龄，在20—60岁阶段的劳动收入高，在未成年或者老龄的时候收入低。在任何一个社会，都需要用中间这部

分人的收入,来补偿少儿抚养人口和老年抚养人口的消费。但是在人口老龄化以后,中间这部分人的比重越来越低,抚养比越来越高。如图3-10所示,2040年我们的抚养比将超过1。这对于国家来说是一个很大的负担。

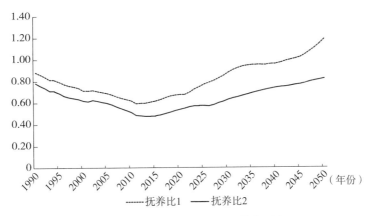

图3-10 到2050年的人口抚养比预测

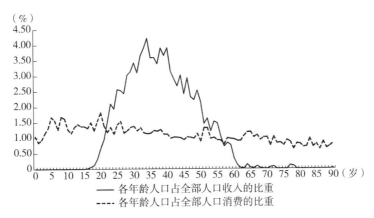

图3-11 各年龄人口占全部人口收入和消费的比重

为了研究快速老龄化的影响,我们使用了多个数据来源。分国别的人口数据来自"联合国人口展望2019数据库",本文使用的老龄化的指标为"65岁以上的人口数占20岁以上人口数的比重"，关于中国人口增长及其结构变化的部分数据来自"分年龄人口数据预测数据库"，经济增长、人力资本、资本存量等数据来自"Penn World Table 9.1"国别经济增长数据库。由于低收入国家大多尚处于人口转变的初级阶段，未经历人口老龄化，因此本研究剔除了低收入国家的样本，共包括了72个中等收入国家和50个高收入国家。样本的时间跨度自1990年至2015年，每5年为一个考察时段，形成了5个时段、122个时间序列的面板数据。因此，我们可以控制其他与国别及时间相关的因素对回归结果的影响。

比较的结果是什么呢？不仅在前文所述的十大经济体中，即使放在全世界范围，我国老龄化速度也是很快的。人口老龄化对于增长的各个来源都有不同的影响。一是降低劳动力市场规模，从事经济活动的人越来越少，影响是负的；二是对资本产出比还有正面的影响；三是对全要素生产率的影响是非常负面的，因为全要素生产率的提升源自技术创新，当一个经济体的人口越来越老的时候，创新动力就会下降；四是在劳动力当中，中位年龄越来越高，这对增长是不利的。把这四方面的因素综合起来，人口快速老龄化对于增长的负面影响就比较明显了。总体来看，在其他条件不变的情况下，2020—2025年仅仅由于快速老龄化，经济增长每年可能减少1.04个百分点，2025—2030年每年可能损失0.85个百分点。

除了对增长的影响，快速老龄化还有其他方面的影响，比如对储蓄率的影响。影响储蓄率的因素是综合性的，但是跨国研究表明，很多其他因素并不非常稳健，但有一个特别稳健的因素就是人口老龄化,其对储蓄率产生了显著的负面影响。我们的实证研究发现,人口老龄化通过对于转低收入的机制,对储蓄率产生负面影响,而且比重比较大。同时,越接近退休年龄的人群,对养老金转移支付机制越敏感,影响越显著。

综合上述因素可以看到,尽管现在中国人口老龄化的水平还不高,但是速度很快,对经济发展产生了很明显的制约作用,体现在经济潜在增长速度下降,同时也会影响经济发展的其他方面,比如造成社会消费节奏的变化,对储蓄率产生影响,使经济结构与以前产生了很大差别。

四、总人口达峰及其对经济发展的影响

2022年,我国总人口增长减少了85万,总人口可能已经达到峰值。总人口达峰是长期低生育率累积的结果,由于生育率逆转困难,此后将进入人口负增长的时代。由于自然的人口转变进入人口负增长的案例并不多见,但在中等收入阶段人口负增长,也体现了人口转变领先于经济发展的独特性。总人口达峰是劳动年龄人口达峰后,人口发展形势出现的又一次重要转折,将会对经济发展产生新的重要影响,尤其是对总需求的影响会出现新的变化。

过去三年疫情的间歇、散点暴发,使面临生育的家庭增强了对不确定性的预期,并延迟了生育决策,从而对总出生人口产生了负面的影响。其他国家的数据也表明,疫情暴发对生育率存在负面影响。之后,疫情期间积压的生育意愿可能会释放,并引起出生人口

的短暂反弹，但这不会改变总人口减少的长期趋势。

"十四五"时期是我国总人口变化的平台期。根据联合国《世界人口展望2022》的预测结果（中方案），2023—2025年我国的总人口将累计减少150万人左右；我们综合考虑影响总人口变化的短期因素的预测结果显示，2023—2025年我国的总人口将累计减少225万人左右。因此，"十四五"中后期我国总人口将处于小幅波动的状态，累计减少的人口占"十四五"末总人口的1‰—1.5‰，对经济增长的影响还不明显。总人口在经过"十四五"的平台期后将持续减少，且减少的幅度逐渐增大。根据预测，"十五五"期间，我国总人口将减少1 000万人左右；2030年的总人口较人口峰值减少的数量占当年总人口的比重将超过1%；2035年，总人口比峰值总人口将减少3 148万人左右。由于人口负增长在"十四五"以后呈加速演进的态势，我们需要统筹考虑人口负增长对经济社会发展的影响。

总人口负增长对经济发展的影响有几个特点。第一，由于总人口负增长，需求对经济增长的影响从短期因素变为长期制约。以前讲增长一般考虑供给侧因素，不考虑需求的因素，需求的因素涉及宏观调控，只影响经济的波动，不能决定增长水平的稳态。从长期制约来看，这是不是一个新的机制，需要引起注意。第二，从人口负增长产生的需求制约来看，人口规模变化缩小了市场的规模，技术替代可能性小，利用经济的自发调节机制的余地较小。第三，较之于人口的结构性变化，总人口负增长影响经济发展的国际经验少，影响的不确定性更强。我们在其他国家看到很多结构性变化，包括养老制度等，都有经验可循，但是人口自然变动带来的负增长很少见，这是中国人口变化的独特性。

我们可以简单计算一下总人口达峰对需求的影响。假定人均消费水平保持"十三五"期间的平均水平，不考虑价格变动因素，到"十四五"末人均消费水平为35 253元，"十五五"末为45 293元。仅仅由于人口减少引起的消费需求变化，就会使"十五五"末的GDP减少1 895亿元（见表3-2）。总人口负增长还会间接地影响投资需求，对基础设施的投资需求也会由于总人口达峰趋于饱和。

表3-2 "十四五""十五五"末人均消费水平与总人口、总消费预测

年份	人均消费水平（元，2020年价格）	总人口变化（万人）	总消费变化（亿元，2020年价格）
2024	33 529	−68	−229
2025	35 253	−137	−482
2026	37 065	−202	−749
2027	38 970	−264	−1 027
2028	40 973	−320	−1 311
2029	43 079	−372	−1 601
2030	45 293	−418	−1 895

从内生增长理论来看，知识的增长率与人口规模存在固定的比率，即只要人口规模保持不变，知识的存量将以恒定的速率增长，从而确保经济以一定速度发展。但如果总人口出现负增长，知识的存量和人均收入都将趋同于一个稳态，人均产出会由于人口规模的下降而下降。

根据《联合国人口展望》数据，剔除了人口负增长与战争、政

权剧烈变更等重大突发事件同期发生的样本后，总和生育率在2.1的更替水平以下且总人口持续负增长5年以上的经济体有12个。观察这12个经济体在总人口负增长前后的经济增长表现，可以发现在人口负增长后，经济增长的表现也出现恶化。总人口达峰后，人口总量的逐年减少将对经济发展在需求侧形成长期的制约，这是其影响经济增长的主要途径。具体来说，既包括人口数量减少对消费需求的直接影响，也包括对投资需求的间接影响。

总而言之，中国独特的人口转变过程体现为人口发展进程领先于经济发展自发作用所实现的人口发展结果。人口快速转变的核心推动力是生育率水平的快速下降。人口因素是经济发展中的基本约束条件。正是由于人口转变的独特性，我国人口对经济发展的影响路径和方式与其他经济体也有不同，体现于生育率下降、劳动力市场转折、快速人口老龄化和总人口负增长等多个阶段。鉴于人口转变在短期内相对外生的特点，一方面，要积极干预生育行为，特别是实施支持生育的政策，让人口结构和总量更适应社会发展；另一方面，更重要的是，要把人口因素作为经济发展的重要变量和约束条件，经济发展方式需要与中国的人口转变特点相适应。

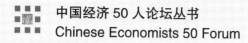

中国经济 50 人论坛丛书
Chinese Economists 50 Forum

第四章　全球变局下的中国经济[①]

姚　洋[②]

[①] 本文根据 2023 年 4 月 20 日长安讲坛第 401 期内容整理而成。
[②] 姚洋，论坛成员，北京大学国家发展研究院教授。

一、全球变局，变的是什么

全球变局这个话题备受关注，我们每天都能在媒体上看到诸如"美国打压中国""世界与中国脱钩""中国产业转移"之类的消息。我们暂且把这些问题放一放，先退后一步，看看世界形势的变化，这可能对理解全球变局是有帮助的。

（一）中国的崛起

过去三四十年，整个世界发生的最重要的变化一定是中国的崛起，中国的崛起对世界格局带来了冲击。第二次世界大战结束以来的世界格局是由美国主导和维护的，作为一个体量巨大、政治制度不同的经济体，中国的崛起对美国形成了挑战。美国现在处于焦虑、愤怒的阶段，会有一些非常不理性的反应。

在说到中国崛起的时候,有人会把中国和印度、日本进行对比。而所谓印度的崛起还言之过早,印度人均GDP只有中国的1/5。也有人把中国比作20世纪90年代的日本,认为中国目前的房地产下行和日本90年代的房地产泡沫破灭很相似。哈佛大学前校长说,20世纪60年代有人预言苏联要超越美国,20世纪80年代有人预言日本要超越美国,结果都没有出现,看来所谓中国要超越美国也是一个神话。这里有一个明显的错误:日本人口只有美国人口的1/3多一点,如果日本GDP总量超越美国的话,日本人均GDP就是美国的3倍,这几乎不可能;而中国的人口是美国人口的4倍,只要人均GDP达到美国的1/4,中国就会超越美国,成为世界第一大经济体,这相对比较容易实现。客观来看,现在中国相当于日本20世纪70年代中期的水平。

中国的崛起改变了世界经济格局。我们生活在中国,对于中国的变化,有时候没有外国人感受强烈。由于经历过经济的高速增长,在减速之后我们很不适应。但是要看到,即使过去10年有所减速,中国经济仍然是增长比较快的,世界上其他国家能感受到这个冲击。1978年,我国经济总量仅占全世界的2%,人均收入比印度低1/4,是菲律宾的1/5,现在我国名义GDP占全世界的18%(见图4-1),人均GDP是菲律宾的近3倍。我国制造业增加值达到了世界的30%,是排在后面的三个国家(美国、德国、日本)的总和。2020年,我国的世界500强公司数量超过美国。同时,我国从受援国变成了数一数二的外援大国。

第四章 全球变局下的中国经济

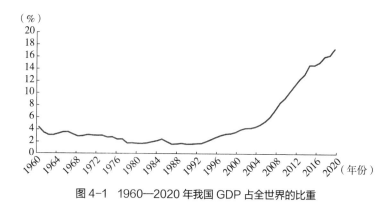

图 4-1　1960—2020 年我国 GDP 占全世界的比重

资料来源：联合国商品贸易统计数据库（COMTRADE），世界发展指标（WDI）。

中国的崛起对美国主导的地缘政治格局产生了巨大挑战。在亚太地区，从以前的"欢迎美国在亚太的存在"到今天的"太平洋足够大，可以容纳中美两个大国"，这是一个变化，中国军事实力的增强和经济实力的增强是一致的。美国所谓行情自由的霸权行为要受到约束，这对美国构成了挑战，当然对中国也是一个挑战，我们要考虑如何管理与美国之间的地缘关系。2013 年，中国提出"一带一路"倡议。这是一个伟大的创造，是第一次由中国提出一个国际议题，美国不得不做出反应。中国还积极参与区域性组织/贸易协议，这是一项非常具有战略性的举措。《区域全面经济伙伴关系协定》（RCEP）把亚太地区主要经济体纳入其中；亚洲基础设施投资银行（AIIB）是第一个总部设在中国的国际性银行；新开发银行（NDB）总部设在上海；马来西亚提议由中国牵头成立亚洲货币基金组织（AMF），目前还在酝酿中。

中国的崛起挑战了历史终结论。日裔美籍政治学者弗朗西斯·福山（Francis Fukuyama）是"历史终结论"的缔造者。他在

《历史的终结及最后之人》(The End of History and the Last Man)中提出"历史将终结于自由主义民主"。但是中国的实践告诉他,世界并没有所谓的终结。他后来也意识到这个问题,在《政治秩序的起源》(The Origins of Political Order)中开始探讨政治秩序,不再讲自由主义民主。中国的实践证明,中国的社会主义体制具有旺盛的生命力和自己的正当性哲学基础,在自由主义民主之外还存在其他正当的国家治理模式。

(二)美国的焦虑

《人类简史》(Sapiens: A Brief History of Humankind)向我们传递了一个重要信息,人类要生活在自己编造的故事里,相信自己的故事比别人的好,这样才会发生宗教战争(如十字军东征),基督教和伊斯兰教打了一千年,直到现在还没有停火。我们无法避免这一情形,因为还没有实现所谓的全球文明,这一点非常重要。中国的体制对美国领导的西方民主构成了挑战,美国在这种情况下产生了焦虑。

从国内来看,在经济领域,全球化导致了国内收入不平等的加剧。如果观察美国近50年的收入变化就会发现,有大学文凭的人收入在增长,比如在硅谷工作,收入增长非常快,而没有大学文凭的人收入则没有增长。《乡下人的悲歌》(Hillbilly Elegy)一书就讲述了美国蓝领阶层的困境。中国从全球化中获益,尽管收入分配差距在拉大,但很少有人在过去40年中出现生活水准下降。而在美国,有很大一部分人的生活水准是下降的,所以美国人对全球化的看法和我们完全不一样。

在社会领域，族裔分化带来了认同焦虑。在所谓苏式共产主义和资本主义的竞争中，自由主义民主胜出，也就是这个时候，衰落开始了，美国进入了"身份政治"时代。身份政治也造成了美国的分化。2004年，美国学者萨缪尔·亨廷顿（Samuel P. Huntington）的著作《我们是谁》（*Who Are We?*）出版，提出了这个问题。美国原先是大融入，每个人来了都要融入，最后接受美国的文化；现在美国变成一口"大锅"，扔下去牛肉拿起来还是牛肉，扔下去羊肉拿起来还是羊肉。谁是美国人？特朗普就任之后用实际行动回答了这个问题，出台相关法律，限制穆斯林到美国。这个问题很严重，也很难解决。

在政治领域，极端主义成为主流。2020年美国大选中，民主党拜登在印第安纳和俄亥俄这两个重要的州落败，还丢掉了威斯康星这张民主党的"铁票"。但由于特朗普被认为应对疫情不力，所以拜登在传统的红州（亚利桑那、佐治亚）获胜。民主党代表国际化的美国，包括传统工人，对全球化报以支持的态度。但是传统工人因为没有在全球化中得益，慢慢地也不再支持民主党，转投共和党的票。

习近平总书记指出，我国日益走近世界舞台中央，有能力也有责任在全球事务中发挥更大作用，同各国一道为解决全人类问题作出更大贡献。这意味着我们不仅要考虑自己的问题，还要考虑世界的问题，考虑对手的问题。我们要了解和分析美国的变化，研究怎样跟美国打交道。

从国际来看，美国需要反思全球化。美国推动了全球化进程，最后却造成了国内的矛盾，只有少数人获益，多数人没有得益，进行反思是必然的。同时，美国要反思对中国的接触政策。中国是上一轮全球化的最大得益者，而美国却没有实现让中国"变得越来越像我们"的愿望。

在 20 世纪，美国曾两次想改变中国，或者参与中国的历史进程。第一次是在 20 世纪上半叶。美国在 1898 年之前是孤立主义的态度，认为把国内事务搞好就行。1896 年，美国成为世界上最大的经济体。1898 年，美国和西班牙爆发战争，美西战争的胜利让美国获得了大片土地。1900 年，由美国等国组成的八国联军入侵中国，最终强迫中国签署《辛丑条约》，支付"庚子赔款"。1908 年，美国国会通过法案，授权总统罗斯福退还中国"庚子赔款"中超出美方实际损失的部分，用这笔钱帮助中国办学，资助中国学生赴美留学。其目的是进行文化渗透，改造古老的中国。约瑟夫·沃伦·史迪威（Joseph Warren Stilwell）在中国待了将近 30 年，也一直想改变中国，但是最终都失败了。到了 20 世纪 50 年代，美国发出"谁失去了中国？"的提问，由此产生了"麦卡锡主义"。

第二次是在 20 世纪下半叶，因为有一个共同的敌人——苏联，中美两国走到了一起。到了 80 年代，两国合作达到了非常深入的地步，中美关系进入"蜜月期"。在合作后期，美国的简单浪漫主义情绪抬头，在西方框架里思考这个问题，认为既然已经战胜了苏式共产主义，就应该把中国也纳入美国的轨道，这是理所当然的。但是美国忘记了一点，中国有五千年文明，这样的国家有传统，有自己的路要走。最终的斗争是西方文明和中华文明之争，结果是美国非但没有赢得朋友，还造就了一个"敌人"。

美国当前面临的选择是，是与中国打一场"新冷战"，还是构建新的世界秩序，容纳不同政治制度的国家？美国现在没有决定，还处于"愤怒"时期。对中国愤怒是认为被中国骗了，其实中国是本色表演，只是美国人不理解罢了。对自己愤怒是因为20世纪上半叶被骗，下半叶又被骗。美国现在采取的措施包括在国际组织中与中国作对，在科技领域打压中国，加强在亚太地区的军事存在。这在很大程度上是愤怒情绪之下的应激反应。

二、世界在和中国脱钩吗

（一）经贸领域：更深地挂钩

从经贸领域来看，世界与中国不但没有脱钩，反而是更深地挂钩。特朗普与中国打贸易战，一个重要原因就是平衡中美贸易，从图4-2可以看到，中美贸易不平衡不仅没有缩小，而且在扩大。贸易战的最终结果是，消费者多付了钱，其他什么都没有变化。

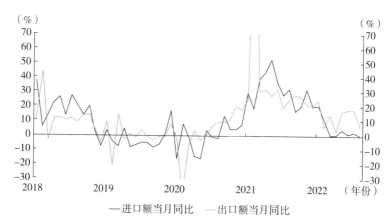

图4-2 2018—2022年以美元计中国进出口额同比变化
资料来源：国联证券。

(二)外资还在进入中国

2021年中国实际使用外资1.15万亿元,比2020年增长14.9%,占全世界的11.4%;2022年是1.23万亿元,比2021年同期增长6.3%。外资进入中国主要有两个原因:第一,巨大的市场;第二,超强的生产能力。有些外资企业把工厂迁到海外,结果发现海外比中国还贵,因为中国的生产能力很强,物流也极为高效。把工厂全都撤离中国的企业是少数,有些企业撤离是因为竞争的原因,比如法系车预计要撤出中国,因为卖不动了,上海车展上的新车有120多辆,其中国产车有80多辆。过去30年Oracle在中国赚了很多钱,后来在云计算上没有发展,在中国无法生存,只能撤出,这也是竞争造成的。

(三)亚洲的产业转移和重组

劳动力密集型产业外流,本身是符合规律的。30多年前港澳台资本进入中国大陆,我们对他们是仰视的,现在情况完全反转。

我们以前只有一条产业线,亚洲发达经济体提供中间产品,资源型经济体提供原材料和能源,我们加工之后卖到发达国家。原来向中国提供原料的是苏联,现在俄罗斯成为我们的原材料生产国,我们也从巴西、澳大利亚甚至美国进口原材料,包括废铁、废铜、木材和煤等,而这些国家的科技产品不向我们出口。中国占澳大利亚出口的40%左右,如果中国实施制裁,澳大利亚的经济就会出大问题。现在我们增加了一条线,把产业转移到东南亚国家,出口中间产品,东南亚国家把消费产品卖到发达国家,这就意味着我们的产业升级了(见图4-3)。中国对美国的贸易总量还在上升,但是比重在下降,如果按照增加值来计算,东南亚出口到美国的产品有很大一部分是中国提供的增加值,把中国和东南亚合在一起,中国对美国的出口实际上没有下降。

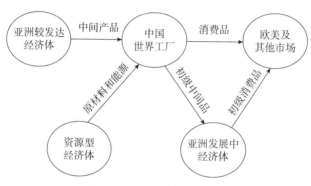

图4-3 我国的产业升级之路

制造业向以中国为中心的东南亚地区转移的趋势没有改变,这对中国只有好处没有坏处:一是产业升级,二是工资水平提高。有人担心印度会赶超中国,但事实上,印度人均收入只有中国的1/5,但人口已经超越中国,而且很多人找不到工作,如果我们把一些产业转移到印度,印度对中国的依赖度只会增加,不会下降。印度对中国保持巨额贸易赤字,这是长期的。

(四)美国与中国科技脱钩的实与虚

美国的举措分为两类:一类是阻止(Keep away),把中国拦在门外,让中国和美国在技术上保持两代的差距,比如实体清单、一揽子出口管制、瓦森纳协议等;另一类是加速(Run faster),比如出台了《芯片与科学法案》《反通胀法案》。《反通胀法案》名义上是反通胀，实际上是发展新能源产业，也是一种科技投资。值得注意的是，美国在学中国采取产业政策，比如《芯片与科学法案》，总规模是5年1 000多亿美元，其中有500亿美元用来补贴芯片。

美国也意识到，惩罚中国是有代价的。比如在芯片领域，惩罚中国的结果是美国公司受损，因为失去了中国这个市场。比如高通有60%的销售在中国，都是高端芯片，而且芯片应用大范围在中国，周边的韩国、日本销售量都比较小，不卖给中国卖给谁呢？

北京大学国家发展研究院与美国美中关系全国委员会联合举办的"中美经济二轨对话"每年交流两次，2023年1月我们去了美国，收获很大。我们看到，美国政府内部也有分歧，有人铁了心要跟中国打，认为一定要打疼中国；也有人意识到，在打中国的过程中，美国人也会受损，怎么办？美国推出"小院高墙"战略。一是全面封锁高科技技术的转让，这方面早已实施；二是禁止中国学生到美国学习STEM（科学、技术、工程、数学）专业，这项措施其实不太有效，因为不到美国学，还可以到德国、英国去学；三是对高精度芯片（以14纳米为界）实施出口管制和制造设备管制；四是禁止美国公民和永久居民为中国芯片企业服务，这项措施的影响很大，因为技术不是写在纸上，而是在技术人员的脑子里。美国最近正在讨论一项措施，禁止美国企业投资中国的高科技行业，主要还是针对中国的芯片领域。

问题在于"小院高墙"战略起作用了吗？我们通过调查发现，其对1/3的企业（如华为）影响严重，1/3的企业通过措施规避了影响，还有 1/3 的企业没有受到实质性影响。美国实体清单上的企业不到 700 家，而中国注册企业有 3 000 多万家，绝大多数企业没有受到影响。在芯片领域，80% 的芯片精度低于 40 纳米，我国对精度超过 14 纳米的芯片投资大幅度增加，在光子芯片研发领域处于世界第一阵营。所以美国在芯片领域的管制措施，其实是"搬起石头砸自己的脚"，美国企业失去了巨大的市场，也没有阻止中国工业的崛起。更为重要的是，电子芯片已经接近物理极限，未来技术发展方向可能是光子芯片，现在我国在光子芯片领域是绝对不落后的。

我们回过头来理性地思考一下，美国对华政策发展到了哪一步？是全面遏制中国的崛起吗？未必如此。如果倒退 20 年，也许美国有可能遏制中国的崛起，但现在这种可能性很小，因为中国已经足够强大。是全面脱钩吗？做不到。世界不愿意跟中国脱钩，党的二十大之后，德国总理、法国总统、欧盟主席陆续访华，他们都表态不能和中国脱钩。美国的措施是"愤怒"的表现，采取的是"杀敌一千，自损八百"的政策，"惩罚"中国是目前美国多数对华政策的主导因素。

中美竞争的态势不可避免，但要基于规则。美国对中国的打压违背了国际通行的规则，中美竞争给了中国一个参与全球规则制定的机会。我们要从具体事务着手，推进中美竞争的规则。中国企业赴美上市财务审查达成协议，美国人说中国是一个合格的竞争者。还有福特和宁德时代合资建厂，表面上工厂是福特的，实际上技术、设备、人员都是宁德时代的，这是一件开天辟地的事情。美国有没有完全和中国脱钩？没有。市场调研机构 Sensor Tower 数据显示，截至 2023 年 3 月 26 日，单月内美国人在苹果 App Store 和 Google Play 商店中下载最多的前四名 App 全部来自中国。排名第一的是拼多多旗下电商平台 Temu，第二名为字节跳动旗下社交平台 TikTok，第三名是字节跳动旗下影音编辑应用程序 CapCut，第四名是主打快消时尚服装的中国电商平台 Shein。之前 TikTok 接受美国国会质询的事件备受关注，有人说 TikTok 要在美国消失，我认为不会。TikTok 的核心竞争力是算法，卖不了，怎么办？找一家美国公司合资，然后数据本地化，这是唯一出路。

三、中国经济的增长潜力在哪里

中国经济在过去 40 多年里大致每 10 年为一个周期，如果没有疫情，中国应该进入了一个新的增长周期。"脱虚向实"成为大势，过度金融化得到有效抑制，发展硬科技已经成为社会共识。中国在下一波技术浪潮中处于领先地位。我们在中等技术领域已经形成优势，比如核聚变技术领域，美国刚刚取得突破性进展，距离造"小太阳"又近一步，中国有"人造太阳"之称的东方超环（EAST）也很快创造新的世界纪录，成功实现稳态高约束模式等离子体运行 403 秒。中国在人工智能、新能源汽车等新兴领域处于领先地位。

中国拥有强大的制造能力，制造业增加值占全世界的近 30%。以 iPhone 为例，2010 年在 iPhone 的价值构成里，中国只占 3.6%，2020 年上升到 1/4。对 iPhone 价值贡献最大的两个国家是韩国和中国，iPhone 的增加值有一半是中国和韩国制造。

再看新能源汽车，2021 年中国新能源汽车销量是 354.5 万辆，占世界的近 60%，是美国的 6 倍；2022 年新能源汽车销量达到 688.7 万辆，超过美国的 8 倍，比 2021 年同期增长 95.6%。2022 年电动汽车渗透率是 25.6%，2023 年新能源汽车销量肯定超过 1 000 万辆。未来几年汽车行业将面临大洗牌，很多传统汽车企业恐怕无法生存。2022 年比亚迪一骑绝尘，销量达到 180 万辆，超越特斯拉（140 万辆）。在新能源汽车方面，我们不是弯道超车，而是换赛道超车。国外在传统发动机技术上已经积累了一百多年，我们无力竞争，就换到电动汽车这个赛道上来。我们有两个优势，一是人工智能和互联网技术，二是动力电池。世界前十的动力电池厂家中，有六家是中国公司，这六家公司的销量总和占总销量的 56.5%。中国重复日本汽车在 20 世纪 80 年代走过的道路不是神话。事实上，我们的对手不是美国而是欧洲，欧洲本来 2035 年要停止燃油车的销售，现在取消了，就是为了应对中国电动汽车的冲击。

关于中国经济的潜在增长率，我们可以简单测算一下：储蓄率高达 45%，资本带来的增长大概是 3.75%，全要素生产率的贡献占潜在增长率的 20%—40%，由此可以得出，中国的潜在增长率在 4.68%—6.25%，取中值为 5.55%。这足以让中国在 2030 年前超越美国，成为世界第一大经济体。

2023 年两会设定的增长目标是 5% 左右。我们观察到一些有利条件，比如复苏起势、超额储蓄需要释放、房地产止跌。也有两个不确定因素：一是房地产能不能止跌，现在跌幅在缩小，环比有增长,同比下降 20% 左右;二是现在电动车销量快速增长,但很大一部分是替代燃油车,2023 年燃油车销量可能会大降,届时电动车能否带来较大增长。

总的来讲,我们要理性认识世界形势的变化,美国的技术脱钩企图不会得逞,中国经济具有强劲的增长潜力,政策的稳定性是经济增长的重要保证。政府要少作为,让市场多作为,这样经济就会健康发展。

中国经济50人论坛丛书
Chinese Economists 50 Forum

第五章 新阶段的中国经济与财政政策[①]

白重恩 汪德华 毛 捷[②]

[①] 本文根据2023年9月21日长安讲坛第403期内容修改而成。本文获得国家自然科学基金面上项目"积极财政政策的经济效应（72073140）"和国家自然科学基金国际（地区）合作交流项目"度量中国的产业政策并在一个统一的量化框架内评估其效果（72261160577）"的研究资助。

[②] 白重恩，论坛学术委员会成员，清华大学文科资深教授、经济管理学院院长；汪德华，中国社会科学院财经战略研究院研究员；毛捷，对外经济贸易大学国际经贸学院教授。作者感谢吴斌珍、李艳、李冰冰等人的贡献，本文不少内容借鉴了他们的研究。

随着中国经济发展进入新的阶段，财政政策也面临着新的挑战，需要做出新的转变。本章将分三个部分来讨论新阶段的中国经济与财政政策。第一部分讨论当前中国经济发生的重大变化，由此对于财政政策的调整也提出了相应的要求。第二部分讨论财政状况，尤其是财政支出结构的变化和当前地方财政面临的困难。第三部分结合上述两方面的分析，提出新阶段优化财政政策需重点关注的三个问题。

一、新阶段的中国经济

（一）国内外挑战

当前，中国经济正处于应对内外挑战的重要时期。首先是新冠疫情的后遗症，2022年疫情防控转段后，疫情给我们带来的影响依然没有消退。这体现在多个方面。

第一个体现是疫情对地方财政产生了比较明显的影响，财政支出明显增加，而收入则刚好相反，导致较大的收支缺口。这部分缺口主要是疫情带来的，也是地方财政陷入紧平衡的重要原因。要解决这个问题面临着以下挑战：如果由中央政府出面解决，有可能带来道德风险；如果全部由地方自行解决，会给地方政府带来相当大的额外压力。因为即使没有新冠疫情，地方政府本身就已经面临财政困难。地方财政压力加大不仅减弱了它们支持经济发展的能力，还可能影响其他经济部门，比如地方政府对企业的欠款比较严重。企业本身已经受到了疫情的较大冲击，面临财务困难，如果地方政府不能及时支付工程款等欠款，企业面临的压力会加大，进而导致企业的投资能力下降和信心不足。

第二个体现是疫情直接冲击企业和居民部门。在疫情期间，由于很多业务受到影响，企业收入减少，但员工的工资要照发，其他的成本也要照常支付，再加上地方财政的间接影响，导致企业资产负债表变得更脆弱。对居民来说，有一些居民一段时间内找不到工作，积蓄花得比较多，于是变得不太愿意消费或者不敢消费，甚至没有能力消费。这是疫情对部分企业和居民的资产负债表产生的直接影响，进而影响着有效需求和经济活力。

第三个体现是疫情冲击对供应链布局的潜在长期影响。在疫情期间，有些地区实施封控政策，生产出现减速甚至停滞；如果这些地区处于供应链上特别重要的环节，就会对整个供应链带来很大的冲击。疫情是罕见事件，未来不一定会再次出现。但是企业在做经济决策时，会担心万一出现类似事件，供应链是否会再次受到冲击，因此会提高对供应链韧性的要求。微观上企业的决策，累积起来就发生了供应链整体布局的调整。中国是全球供应链上很重要的一个环节，在其中所占的比重较大，可能受供应链布局调整的影响也比较大。

其次是外部环境的变化，也表现为多个方面。一是外部需求减弱。一些国家在疫情期间推行了大规模刺激政策，在一定程度上推高了通胀，各国央行不得不采取措施来控制通胀。在这种情况下，需求就承受了一定的压力，显得较弱。二是全球贸易继续受阻。全球贸易从疫情前就开始受到明显抑制，走出疫情后，全球贸易并没有好转，反而在总体上比 2022 年增长得更慢；在 2021 年、2022 年两年正增长后，2023 年全球贸易收缩 5%。三是地缘政治带来的供应链调整，这对我们的企业来说也是一个外生冲击。所有这些都会对经济产生负面影响。

（二）结构转型的阵痛以及政府监管和治理的变化

除大家普遍知晓的疫情的影响、外部变化的影响之外，我们还要特别强调结构转型的阵痛。十年前，中央第一次提出"三期叠加"的说法。三期叠加的第一个"期"是经济增速的换档期，中国经济增速从之前的两位数逐渐下调到 8%、7%，甚至 6%、5%，这是随着经济发展水平提升必然会出现的现象。换档带来的冲击大多数人已经习惯，其影响虽然还有，但是没有以前那么严重。

第二个"期"是财政刺激的消化期。2008 年全球金融危机爆发后，中国实施了非常强有力的"四万亿"财政刺激计划。这次财政刺激是在非正常情况下发生的，因而不是常规的财政刺激，至少刺激的强度并非正常强度，所以会带来一系列需要消化的问题。

第三个"期"是经济结构变化的阵痛期。当前，人们感受到的结构转型阵痛不比十年前轻，甚至比十年前更重。为什么？其中特别大的一个变化是房地产行业的变化。2023年全国房地产开发投资比2022年下降9.6%，房屋新开工面积下降了20.4%。房地产行业是中国经济中体量特别大的一个支柱产业，有很长的上下游产业链，当这个产业面临大冲击的时候必然会影响产业链上的各个环节。短期内，市场还找不到一个新的行业可以取而代之。

结构变化通常是渐进的，为什么房地产的变化会这么突然呢？那是因为它的资产属性。资产价格虽然受基本面的影响，但在很大程度上也受预期或情绪的影响。目前中国经济中的投资渠道并不多，如果大部分人都认为房地产能增值保值，是很好的投资标的，那么房地产业就会发展得不错。但是，如果因为某些原因，人们的预期突然变化，觉得房地产不再是好的投资，那么投资人数就会变少，进而带来价格的变化，价格变化又会使人们进一步采取观望态度。这些预期因素对房地产的价格有极其重要的影响。

我们的政策制定者很清楚预期因素有多重要，所以一直努力在居高不下的房价和房价突变可能带来的风险之间谋求微妙的平衡，力求用时间换空间慢慢挤掉房价中的泡沫，以实现房地产业的"软着陆"。这也是人人都希望发生的，但"软着陆"技术性要求很强，稍微心急一点并采取一些措施，就可能会使预期突然之间发生剧烈变化,且很难止住。同时,如图 5-1 所示,联合国发布的《世界人口展望》对中国未来人口的展望在 2019 年和 2022 年两年间发生了显著的变化,这也会影响人们对我国房地产行业长期前景的预期。总之,由于人们的预期不那么容易被调控,所以房地产业的"软着陆"相当困难。

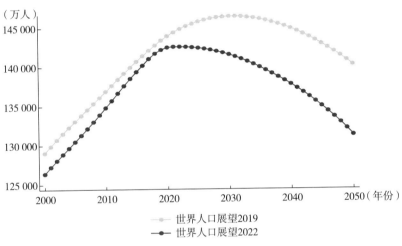

图 5-1　2019 年和 2022 年中国人口展望的变化

资料来源:联合国经济和社会事务部,《世界人口展望 2022》和《世界人口展望 2019》。

房地产的非平稳波动对地方财政提出了严峻挑战,因为地方财政对土地的依赖性还比较大。结构转型可能使土地财政突然受到影响,出现较大幅度的下降,这会进一步放大结构转型阵痛对经济的影响。

除了上述与房地产相关的结构转型,我们还会观察到经济中一些微妙的转型,但是不能把它们看作通常的结构转型,我们可以用一个新词来描述它们,即监管密度或者强度的转型。改革开放早期，我国的经济结构相对简单，我们生产很多鞋子、衬衫之类的制造品用于出口，那时候面临的困难是怎么克服贸易中的一些摩擦和贸易保护等，企业面临的监管强度相对不大。但是，随着经济发展和产业升级，简单制造业占比越来越小，一些新的产业占比越来越大，比如数字经济。每个国家都知道，需要对平台企业实行一定程度的监管。但是，每个国家都发现，对这类企业的监管很难。随着需要高监管强度的行业所占比重越来越大，这就对治理提出了越来越高的要求。对平台企业的监管更是一门技术活儿，与上述管理房地产市场的预期一样难。实际上，对平台企业的监管在全世界都是新生事物，因为现在的平台和以前的平台大不相同，它们的生态非常复杂，存在很强的外部性，可谓牵一发而动全身。监管也需要持续学习。如果在学习过程中我们比较心急，就可能带来一些预期外的负面影响。从低监管强度的经济体转向高监管强度的经济体，是一个结构转型，需要治理能力的大幅度提升。但是，治理能力的提升通常并非易事。

与政府治理相关的另一个结构转型是，我们正在努力实现从高速度增长向高质量发展的转型。这个转型的说法特别好。我们以前片面追求增长的高速度，忽略了人与自然的和谐共生，忽略了收入分配，等等。我们现在不满足于经济增长速度，而是要高质量发展，要兼顾多个目标。这同样给政府治理带来了巨大挑战。以前地方政府是以 GDP 为主的单目标管理，对地方政府的考核中，GDP 占很大的比重。而现在，要实现多目标的高质量发展，我们不仅希望地方经济增长，而且希望实现共同富裕，还希望减少污染，等等，总之，有一个很长的目标清单。地方政府需要同时实现多个目标，难度自然比实现单个目标要高得多，需要在各个目标之间进行协调平衡，也需要对各个目标的权重形成共识。上级政府经常派专项督查组来督促地方完成各个目标，但是各个督查组侧重点不同，并不一定会充分考虑多目标的协调平衡，这可能会使地方政府实现多目标变得更加困难。

中国在经济发展过程中一直强调，既要让市场发挥基础性作用，也要让政府起一定的作用。政府的作用是什么？是解决市场解决不了的问题，例如如果一些规则与经济发展相矛盾，就要优化这些规则。但是，优化规则比较难，所以在过去的治理中，在一定程度上允许地方政府"特事特办"，遇到以前没有出现过的问题，先解决问题，然后慢慢完善规则。Bai et al（2020b）和白重恩等（2021）指出，在过去的经济发展中，"特事特办"起到了一定的作用。而现在，"特事特办"带来了很多弊病，我们希望消除这些弊病。因此，要从"特事特办"向普惠性制度优化转型。

综上所述，结构转型的阵痛来自多个方面，产生了多个方面的影响，对政府治理提出了更高的要求，带来了一些新的挑战。

（三）中国的特色和机会

尽管如此，我们依然有很多特色为我们提供了非常好的发展机会。

第一个特色是巨大的体量。大体量更容易带来规模经济。当然，这是以国家之间的边界带来流动障碍为前提的。如果国家之间的边界不造成流动障碍，那么国家大小就不重要，小国中的企业也可以像大国中的企业一样从事创新，创造价值。但是，国家边界效应总是存在，而且不少国家会人为制造障碍。有些创新最容易在边界之内实现价值，因此国内市场很重要，一个大市场能让企业的创新得到更大的回报。大市场也给整体经济带来了韧性，只有大市场才能有比较齐全的产业门类，否则很多产业不成规模，而产业门类齐全又使得整体经济韧性较强。当外部冲击对我国产生影响时，国内的产业门类可以互相补充，从而减缓冲击的负面影响。但是，大市场也会带来挑战，比如地区之间的差异很大，所以在治理上要尽量避免"一刀切"。因为地区差异较大，"一刀切"的成本比较大。在对外方面，规模大的好处是有底气，但坏处是可能会对其他经济体产生比较大的冲击，引发它们的担忧和防范。比如，最近欧盟考虑对中国生产的电动汽车实施限制，一个可能的原因是，他们担心中国快速增长的电动汽车生产会冲击他们的汽车产业。曾经有一个说法叫"中国价格"，是指中国生产了什么产品，这些产品的世界价格就会下降，因为中国的供应能力太强；而中国购买什么产品，这些产品的国际价格就会上升，因为全世界的供给至少在短期内难以满足中国突然增加的需求。这就是体量大给我们带来的挑战。

第二个特色是我们有丰富的人力资源，这为创新提供了良好的条件。学术界把创新分为从 0 到 1 的创新和从 1 到 N 的创新，前者是指从无到有，后者是指从小规模到大规模。中国在从 1 到 N 的创新上有无可比拟的优势，因为我们的工程师很多，创新者也很多，那些琢磨创新的人可以聘请大量的工程师，把每一个细节研究透彻，逐渐改善工艺，每个环节改善一点，集腋成裘就形成了非常大的竞争优势。这是中国的优势。

另外，我们的高储蓄率使创新有足够多的资金，我们的消费者对新事物特别开放，新产品出来了消费者总会积极拥抱，我们的基础设施也相当好，减少了很多方面的成本。政府在各方面发挥作用，在有些方面发挥正面作用，当然不可避免地也会产生一些意想不到的副作用。比如，当各地政府都努力培育同一个产业时，这个产业就会出现产能过剩，这是我们要注意的一些问题。

（四）高质量发展的要素

我们认为高质量发展包括四个要素。

一是基于创新和效率提升的发展。关于效率，我们可以看一个指标，即投资回报率。在2008年之前，投资回报率基本稳定，但是2008—2016年，投资回报率出现了下行趋势，2016年之后，随着供给侧结构性改革，投资回报率有所回升，但是新冠疫情之后，投资回报率再度下行（见图5-2）。要实现高质量发展，就要有比较高的投资回报率，这是我们当前面临的一大挑战。

二是以人民为中心的发展，这包括满足人民的物质消费需求和精神消费需求，特别是物质消费需求。高质量发展就是要让居民能够享受更多的发展果实，让居民消费占GDP比重更高一些。如果将中国居民消费率与全球主要经济体比较，可以看到，大部分经济体的居民消费率比中国高（见图5-3）。国际比较表明，中国在提高居民消费水平方面还有较大空间。

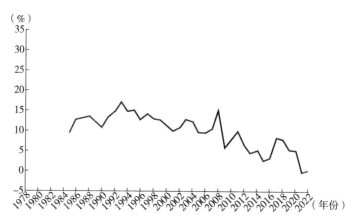

图 5-2 1978—2022 年中国的投资回报率（税后且剔除价格因素）

资料来源：白重恩、张琼，中国的资本回报率及其影响因素分析，《世界经济》，2014(10)；及作者后续结果更新。

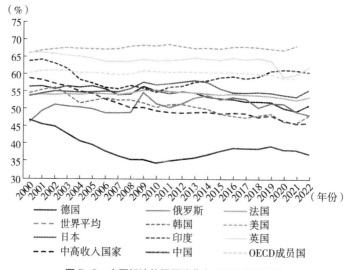

图 5-3 主要经济体居民消费占 GDP 比重比较

资料来源：根据世界银行数据绘制，https://data.worldbank.org/indicator/NE.CON.TOTL.ZS。

如果单看中国，2000—2010 年消费占 GDP 比重在下降，之后有一段时间在上升，后来又趋于下降。这与很多因素相关，其中之一可能是财政。在消费占 GDP 比重上升的这段时期，我们看到居民可支配收入占 GDP 的比重也在上升，居民消费占 GDP 的比重和居民可支配收入占 GDP 的比重基本上同步变化，只有一两年的差异。居民消费还与基尼系数相关。如果能通过财政政策实现基尼系数下降，居民可支配收入上升，那消费就会增长。

Bai et al（2020a）指出，2009 年后一段时间，我们加大了基础设施投资，而基础设施投资创造了很多就业机会，尤其是为教育水平不是很高的人群提供了就业机会。从住户调查数据可以看到，在推出"四万亿"财政刺激计划及之后的几年中，学历越低的人群收入增长越快。这笔庞大的投资虽然效率不高，但它促进了居民收入和劳动报酬的快速增长，在一定程度上缩小了收入分配差距。这对我们的财政政策有一些启示。

当然，高质量发展还涉及绿色发展、统筹发展与安全等问题。这些问题本章不做重点讨论。

总之，新阶段的中国经济既有阵痛也有优势，我们要发挥好这些优势，实现高质量发展。新阶段财政政策要为实现高质量发展起到正面、积极的推动作用。

二、当前的财政状况

新发展阶段追求高质量发展对于财政政策提出了新的要求，而我国的财政运行也在发生变化，本文主要关注财政支出和地方财政情况。

(一)财政支出结构

首先看全口径财政支出占 GDP 的比重,这是财政的总盘子,衡量的是财政在国民经济中支配的资金份额。所谓全口径,即不单单是一般公共预算支出,而是把四本预算以及一些隐性债务对应的财政支出都加总起来,这才是国际可比的口径。如图 5-4 所示,总体上看,在 20 世纪 90 年代中期的低谷期之后,中国全口径财政支出占 GDP 的比重持续上升。2019 年,中国全口径财政支出占中国 GDP 的比重约为 38%,仅次于"大跃进"时期。当前财政总盘子事实上已处于历史高位,完善财政政策对于高质量发展至关重要。

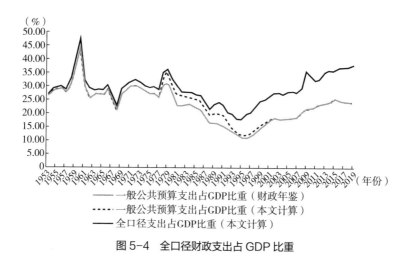

图 5-4 全口径财政支出占 GDP 比重

资料来源:汪德华、李冰冰,2023,从单峰到双峰——1953—2019 年中国财政支出结构大转型,工作论文。

这些支出都流向了哪些领域?汪德华、李冰冰(2023)将财政支出分成三类:一是基本政府职能支出,如外交、国防、公共秩序和安全、地震事务、节能环保等。没有这些支出,政府就不能正常运行。二是一些经济建设性支出，如农林水事务、交通、就业等。三是社会福利性支出，如教育、社会保障、医疗卫生、计划生育等。他们按照这一分类方法，遵循纵向可比和国际可比的原则，研究了中国1953—2019年间全口径财政支出结构的转型历程。

汪德华、李冰冰（2023）的研究发现，经济建设性支出在"大跃进"时期最高，随后下降并在较长时间段内维持了一个比较高的水平，改革开放以后这类支出有所下降。这类财政支出的占比到20世纪90年代中期达到一个新的高度，并基本稳定在这个水平上；而社会福利性支出占财政支出的比重在不断上升。改革开放前，经济建设性支出一支独大，但是现在经济建设性支出和社会福利性支出基本上持平；剩下的是基本政府职能支出，占比约为20%，且比较稳定。这三类支出占财政总支出比重的演变趋势，与它们占GDP比重的演变趋势是一致的。只不过财政总支出占GDP的比重在1994年之后逐年上升，所以三类支出占GDP的比重基本上也都在上升，其中社会福利性支出和经济建设性支出上升得更快一些，尤其是社会福利性支出最近几年保持了较快的上升。

以上是不同时期的财政支出比较，下面来看看中国和其他经济体财政支出的比较。如图5-5所示，经济建设性支出占财政总支出的比重，中国遥遥领先于其他经济体。1995年以来，中国经济建设性支出占全口径财政支出比重在波动中下降，2019年为35.6%。IMF数据显示，发展中国家（人口500万以上的22个非OECD国家）经济建设性支出相对更高，在20%左右，但较中国低15个百分点左右。发达国家（OECD国家）这项支出占财政总支出的比重更低,只有11%左右,中国是它们的3倍还要多一点。

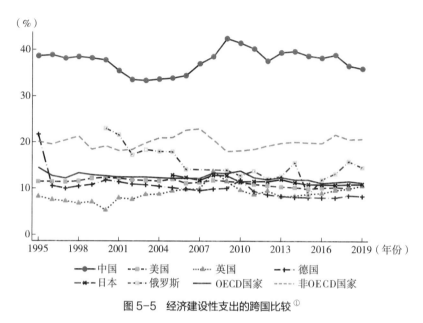

图 5-5 经济建设性支出的跨国比较[①]

资料来源:汪德华、李冰冰,2023,从单峰到双峰——1953—2019年中国财政支出结构大转型,工作论文。

与此形成鲜明对比的是,中国的社会福利性支出占比明显低于其他国家。2019年,OECD国家的社会福利性支出占比约为68%,非OECD国家的这一比重约为47%。中国的社会福利性支出较OECD国家低约25个百分点,较非OECD国家低约3.8个百分点(见图5-6)。从变化趋势看,OECD国家社会福利性支出稳步提升,在1995—2019年间占比提高了8个百分点;我国的社会福利性支出占比增长很快,在1995—2019年间增长约10.8个百分点;非

---

① 图5-5中非OECD国家选取的是数据可得的500万人口以上的22个国家和地区。图5-6相同。

OECD 国家在波动中略有下降。

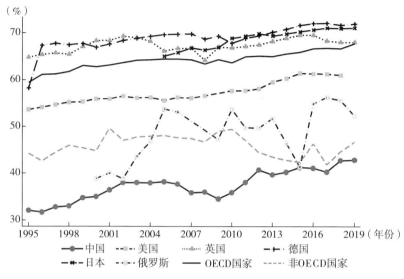

图 5-6 社会福利性支出的跨国比较

资料来源：汪德华、李冰冰，2023，从单峰到双峰——1953—2019 年中国财政支出结构大转型，工作论文。

（二）地方财政压力

在我国，地方政府一直担负着促进经济发展、提供基本公共服务等主体责任；而地方财政的可持续发展，是激发地方财政活力、发挥地方政府积极性的基础。如图 5-7 所示，1994 年分税制改革后，一般公共预算中县乡支出占比持续上升，目前接近 50%；地市本级支出占比略有上升；与之对应的，中央支出占比、省本级支出占比均持续下滑。这反映了地方财政，特别是县乡财政在中国财政运行中的重要地位。县乡财政运转不畅，财政政策的执行及政策效果都将遇到挑战。图 5-7 还显示，地方政府的收入占比远低于其支出占比。因此，地方财政运转高度依赖转移支付，此外还依赖一般公共预算之外的一些收入。

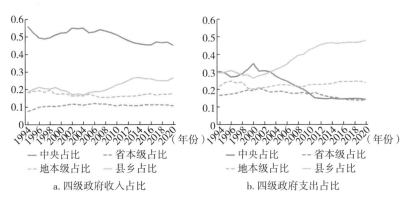

a. 四级政府收入占比　　　　b. 四级政府支出占比

图 5-7　县乡财政是中国财政的主体

资料来源：根据历年《中国财政统计摘要》数据整理所得。

地方财政运转的另一个重要收入来源是"土地财政"，即国有土地出让收入，但最近几年其显著下滑（见图 5-8）。从土地财政在地方财政运转中所担负的功能来看，这种快速下滑对地方财政带来的压力不容忽视。土地财政收入中的一大部分用于当地的基础设施投资，另有一部分通过"调入资金"通道进入地方政府一般公共预算，对地方一般公共预算的"保基本民生、保工资、保运转"提供比较大的支持。地方政府之所以大规模调入土地财政收入，主要是因为一般公共预算原有的各类资金来源无法满足支出资金需求。根据汪德华、邹杰（2023）收集的 2022 年 1 228 个样本县的数据，调入资金占一般公共预算收入比重的均值约为 23%。地方政府专项债也依赖土地财政。发达地区 80% 的专项债还本资金依赖土地财政，欠发达地区可能更高（娄洪，2023）。随着专项债发行规模的增加,以及土地财政收入的减少,地方政府的还债压力加大。另外,融资平台债务或城投债的运转和其他隐性债务的化解,同样依赖国有土地出让金。因此,土地财政的退潮并非简单地通过减少经济建设性支出就可以应对的,其带给地方政府的财政压力,还需要有系统性的对策。

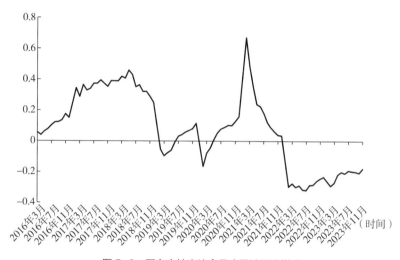

图 5-8 国有土地出让金月度累计同比增速

资料来源:根据亚洲经济数据库(CEIC)数据计算所得。

地方财政的压力,突出体现在地方政府的债务压力。这包含显性债务和隐性债务。地方政府的显性债务包括一般债和专项债,其中专项债近些年增加比较快,一般债也有所增加(见图5-9)。但是地方政府债务不仅仅包含显性债务,而且这部分债务也不是最大的。地方政府债务的最大部分其实是融资平台的举债,其有息债务余额增加得很快(见图5-10)。

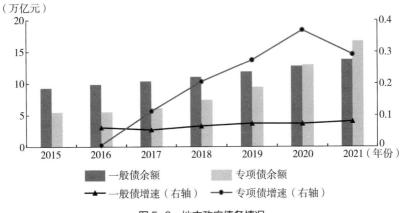

图 5-9 地方政府债务情况

资料来源：根据万得数据库数据整理所得。

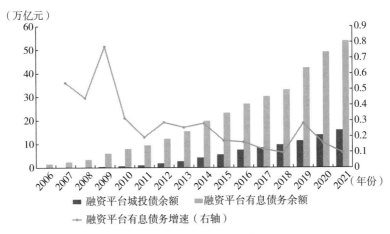

图 5-10 地方政府融资平台情况

资料来源：根据万得数据库数据整理所得。

三、关于财政政策的若干建议

在中国经济发展新阶段，追求高质量发展是首要任务。前文分析已指出,中国经济当前有两个亟须应对的重大挑战,一是克服疫情后遗症的影响,尽快让经济增长恢复内生动力;二是需要妥善应对房地产市场低迷的冲击。从财政的视角看,这两方面的压力都对地方财政的平稳运转造成了较大的冲击。从高质量发展的要求看,当前特别需要找到具有长期投资效率、能够提高消费占比的财政投入领域。显然,适应高质量发展要求的财政政策调整涉及方方面面,此处按照上述思路着重强调三点。

(一)剥离出新冠疫情冲击导致的地方债务并由中央提供支持

当前,地方财政特别是市县基层财政处于紧平衡,受到社会各界广泛关注。地方财政紧平衡不断加重可能导致地方政府行为异化,进而衍生出损害营商环境、危及社会稳定、产生局部金融风险等问题。例如,少数地区已出现城投债偿还困难、政府拖欠企业账款等现象。

如何改善地方财政运转状态,特别是如何按照中共中央政治局会议"制定一揽子化债方案"的要求,帮助地方政府妥善处置规模庞大的隐性债务,是当前亟须解决的问题。有人建议由中央政府帮地方政府还债,主要理由有两个。第一,中央政府债务占GDP的比率相对较低,从绝对水平和国际比例来看,中央政府还有进一步发债的空间。第二,中央政府发债付息成本相对较低,替代付息成本较高的地方债务更合算。当然也有人强烈反对这样做,反对的一个主要原因在于,如果地方政府的欠债由中央政府代还,会不会造成道德风险问题?这次中央政府的代偿,可能会使地方形成未来再借债，中央政府还会代为偿还的预期，导致地方政府当前有激励更多举债。这个担忧关乎道德风险，与中央政府的财力和举债成本无关。在经济学中，道德风险是指有了保险或保障后，人们一些可控的行为会改变，而且这些行为对他们有利，但对保障提供方不利。在地方政府债务的问题上，上级政府帮了下级政府，下级政府就会做一些对自身有利但对全局或上级政府不利的事，比如继续加大举债，让全国债务增加，这是一种道德风险。

我们认为，考虑到道德风险问题，制定兼顾短期需要和长远机制的地方政府债务整体解决方案还需深入研究，但为帮助地方政府应对财政运转的困难局面，可以优先分解出并非因地方政府的道德风险行为，而是因外生的新冠疫情冲击导致的超常态增支减收部分，本文称之为"疫情冲击地方赤字"，由中央给予地方政府必要的救助扶持。本文在给出估算思路，初步估算2020—2022年疫情冲击导致的超常态地方赤字的基础上，提出处置这部分债务的政策建议。

疫情冲击地方赤字，简单说来就是没有疫情冲击则不会发生的赤字，包括疫情冲击导致的地方财政减收，为应对疫情冲击发生的地方财政增支两部分。（5-1）式界定了本文分析的疫情冲击地方赤字的经济含义。我们能够根据公开的地方决算数据计算出2020—2023年地方财政实际收支差额，其经济内涵可分为两部分：一是假定没有发生疫情冲击，正常状态下的地方收支差额；二是因外生疫情冲击产生的地方赤字。这两部分都无法实际观测到，但第一部分可以根据历史数据合理推算出来，由此就可以合理估算出疫情冲击地方赤字。

地方实际收支差额＝按历史数据估算的地方收支差额

　　　　　　　　＋疫情冲击地方赤字　　　　　　（5-1）

为估算疫情冲击地方赤字，将（5-1）式变换可得：

疫情冲击地方赤字＝地方实际收支差额

　　　　　　　－按历史数据估算的地方收支差额

　　　　　　　＝（地方实际支出－地方实际收入）

　　　　　　　－（估算的地方支出趋势值

　　　　　　　－估算的地方收入趋势值）

　　　　　　　＝（地方实际支出

　　　　　　　－估算的地方支出趋势值）

　　　　　　　－（地方实际收入

　　　　　　　－估算的地方收入趋势值）　　　　（5-2）

（5-2）式给出了我们估算疫情冲击地方赤字的基本思路。（5-2）式中，第一项是为应对疫情冲击，地方财政超出正常状态的增支额；第二项是因为疫情冲击，地方财政超出正常状态的减收额。第一项应对疫情冲击导致的地方财政超常态增支额，主要是指地方政府按中央政府的部署、要求，为稳定宏观经济落实积极财政政策，在中央支持下超出按历史数据估算趋势值的支出额。第二项疫情冲击导致的地方财政超常态减收主要有两类来源，一是因疫情对各个行业以及企业产生了较大冲击，经济基本面恶化，由此导致税收和非税收收入显著下降；二是中央政府为助企纾困和稳定宏观经济，出台了较多的减税、降费、退税政策。也就是说，我们假定，如没有发生新冠疫情冲击，地方财政的收入和支出应当会延续以往年份的收支增长趋势。如果地方财政的实际收支，与估算的收入和支出趋势值有偏差，这个偏差即是被动或主动应对冲击而发生的。

（5-2）式计算中，需要估算的是按历史数据外推的2020—2022年地方支出趋势值和地方收入趋势值。由于地方财政收支的变化具有稳定性和明显的上升趋势，因而本文选择指数平滑法进行趋势值预测，具体采用的趋势值预测方法是指数三重平滑法（以下简称ETS）。ETS作为一种时间序列预测方法是指数平滑法的扩展，可以用于具有趋势性和季节性的时间序列数据。ETS模型包括三个部分：误差项、趋势项和季节性项。其中，误差项表示模型无法解释的随机波动，趋势项表示时间序列的长期趋势，季节性项表示时间序列的周期性变化。

在下文分析中，我们将地方一般公共预算和政府性基金预算纳入地方财政收支估算范围内。这主要是因为：国有资本经营预算规模较小；社会保险基金预算虽受到疫情严重冲击，但其封闭运行，不影响当前地方财政的运转。而一般公共预算和政府性基金预算，在疫情期间是执行积极财政政策的主要抓手，在当前也是地方财政运转困难的主要领域。

特别要指出的是，2020—2023年，冲击地方财政运转的重大事件除疫情之外，还有土地财政的退潮。土地出让收入的下降，对地方财政的影响是全方位的。土地财政的退潮，同样是受到疫情冲击的影响，但更重要的因素可能是中长期内"我国房地产市场供求关系发生重大变化"。为了排除土地财政退潮对（5-1）式、（5-2）

式估算结果的影响,我们在地方财政收支的实际值和趋势值估算中,均分别扣除了土地财政相关收入和土地财政相关支出。两者的定义如下。

地方土地财政相关收入 = 房产税 + 城镇土地使用税 + 土地增值税 + 耕地占用税 + 契税 + 国有土地使用权出让金收入 + 国有土地收益基金收入 + 农业土地开发资金收入。

地方土地财政相关支出 = 国有土地使用权出让金收入安排的支出 + 国有土地收益基金安排的支出 + 农业土地开发资金安排的支出。

根据上文介绍的测算公式和预测方法,本文估算了2020—2022年疫情冲击地方赤字规模,具体结果见表5-1和表5-2。表5-1报告了地方财政的超常态增支和减收额。可以看到,2020—2022年估算的地方财政超常态增支,2020年高达22 548亿元,2021年不到5 000亿元,2022年则为9 413亿元。受疫情冲击的影响,地方财政超常态减收显著增加,2020年减收6 878亿元,2021年减收8 748亿元,2022年因实施大规模留抵退税减收15 351亿元。

表5-1 应对疫情冲击的地方超常态增支和减收额估算(单位:亿元)

项目	2020年	2021年	2022年
扣除土地财政相关支出的地方实际支出(1)	250 374.65	247 274.1	266 188.71
扣除土地财政相关支出的地方支出趋势值(2)	227 826.85	242 301.09	256 775.32
地方财政的超常态增支(3)=(1)-(2)	22 547.79	4 973.01	9 413.38
扣除土地财政收入的地方实际收入(4)	93 971.94	97 978.38	97 253.62
扣除土地财政收入的地方收入趋势值(5)	100 850.08	106 727.19	112 604.29
地方财政超常态减收(6)=(4)-(5)	-6 878.14	-8 748.81	-15 350.67

资料来源:根据上文思路估算。

以表 5-1 为基础，可以估算出三年的疫情冲击地方赤字（见表 5-2）：2020 年为 29 426 亿元，2021 年为 13 722 亿元，2022 年为 24 764 亿元，三年总计 67 912 亿元。需要注意的是，疫情冲击地方赤字是已发生事项，应有相应的资金来源弥补。从地方财政运转的实际情况看，可能的弥补途径包括中央给予更多转移支付，中央给予更多一般债或专项债额度，地方自行筹措资金承担（如调入资金等）。由于三年中地方一般债并未放宽发行规模，我们采用前述实际值减去估算的趋势值的方法，估算出 2020—2022 年间的中央超常态转移支付、超常态新增专项债。如表 5-2 所示，对应三年中 67 912 亿元的疫情冲击地方赤字，中央额外增加的超常态转移支付弥补了 11 703 亿元，超常态新增专项债弥补了 18 643 亿元，余下的 37 566 亿元是在中央政策空间下，由地方自行筹措资金弥补的。

表 5-2 疫情冲击地方赤字及弥补途径估算（单位：亿元）

项目	三年总计	2020 年	2021 年	2022 年
疫情冲击地方赤字估算值（7）=（3）-（6）	67 911.82	29 425.94	13 721.82	24 764.06
中央超常态转移支付估算值（8）	11 702.84	4 274.61	-1 384.08	8 812.31
超常态新增专项债估算值（9）	18 642.96	12 049.63	5 880.99	712.34
地方自行筹措资金承担的疫情冲击赤字（10）=（7）-（8）-（9）	37 566.02	13 101.70	9 224.91	15 239.41

资料来源：根据表 5-1 结果和上文思路估算。

表 5-1、表 5-2 的估算，勾画出了三年疫情对地方财政的外生冲击影响。因疫情冲击，三年中地方额外产生 6.79 万亿元赤字，其中由中央额外增加了 1.17 万亿元转移支付作了部分弥补；余下

的5.62万亿元，其中1.86万亿元由地方额外发行的专项债弥补，3.76万亿元则由地方自行筹措资金解决。

需要进一步明确的问题是：如何看待未由中央额外增加转移支付弥补的5.62万亿元的疫情冲击地方赤字？我们认为，5.62万亿元的额外地方赤字产生原因主要是外生的疫情冲击，而非地方政府不遵守财政纪律的道德风险行为。在当前地方财政运转困难的局面下，中央财政应以5.62万亿元赤字为基准，根据不同情况给予相应的补助支持政策。

一是按照上述方法，以省为单位测算出如表5-2所示的疫情冲击地方赤字及三种弥补途径的估计值，为实施以下两点建议奠定数据基础。省对市县的处理政策由省参照中央方案自行确定。由于上述测算方案并非完全精准，应允许各省根据实际情况调整测算基数和处理政策。

二是1.86万亿元的超常态新增地方专项债，建议由中央财政通过发行国债的方式，承担还本付息责任。这种方式并不要求中央财政一次性发行国债拿出近2万亿元资金来解决这一问题，而是在1.86万亿元专项债需要还本付息时由中央财政承担。由此，每年对中央财政产生的冲击较小，但永久性减免了地方政府1.86万亿元的债务还本付息负担，对地方财政休养生息帮助较大。

三是地方自行筹措资金承担的疫情冲击赤字3.76万亿元，可考虑由中央财政发行特别国债筹措资金，根据各地困难程度分档予以扶持。以省为单位，对于当前地方财政运行非常困难地区，中央可考虑给予100%弥补；条件一般地区给予50%弥补；条件尚可地区给予20%弥补。这种处理方式，主要是将地方为应对疫情冲击已动用的财政存量资源以补助资金方式部分返回，为地方财政应对当前的困难局面提供有力支持。

（二）明确缓解地方财政困难的长期思路

剥离疫情冲击导致的地方债务并由中央提供支持，仅是缓解地方财政困难的一个后遗症较少、应急性的对策。从长期看，鉴于地方财政在中国的特殊重要性，还应进一步明确缓解地方财政困难、激发地方财政活力的体制性思路。

1. 控制地方支出

上文谈到了地方财政遇到了各种各样的困难。要解决地方财政的困难，无外乎从三个角度入手：一是增加收入，二是减少支出，三是降低筹集资金的成本。就目前情况看，增加地方财政收入的手段比较有限，曾经讨论过的征收房产税，反对声音非常大，推动起来有难度；提高个人所得税率可能也不是好办法，个人所得税的最高边际税率是45%，从国际比较来看，已经不低，继续提高这部分税率会削弱人们的工作激励，甚至对创新产生负面影响；增值税好不容易才有所下调，再提高，也有一定的难度。当然，地方政府手上还有一些资产可以盘活，比如土地，但随着房地产业走弱，土地财政也面临困难。

因此，当前最主要的解决方法需要从控制支出的方向来考虑。支出可以分为三类，一是制度化的支出，二是地方政府有自由裁量权的支出，三是地方政府没有多少自由裁量权，但又不是在制度化的框架内可预期的支出，比如我们前面讨论的疫情带来的超常支出。这三类支出要分类控制。

我们首先应该尽量减少制度化的收支不平衡。在现行央地关系中，普遍存在"中央请客、地方买单"的现象，应减少这种情况。给地方政府下达的任务中，有些涉及重大公共风险，与此相关的支出应该由中央政府承担。国家重大战略可能也由中央政府承担更好一些，当然也不排除中央和地方共担，但是应尽量减少地方的责任，用国债而不用或者少用地方债来融资，因为国债的成本较低。

地方政府有自由裁量权的支出的控制更加困难。这部分原则上不应由上级政府提供保障，应该遵循量入为出的原则。一方面，要更加明确政府的支出责任，可以由市场来做的就留给市场，或者由政府少量资金撬动市场；另一方面，这样的支出应该接受明确的问责，评估支出的效果。

第三类支出可以参照我们前面讨论的疫情带来的超常赤字的处理办法。

2. 缓解地方债务

在债务方面，前文已经提到，与新冠疫情相关的债务可以由中央政府帮助化解。但是，还有一大部分可能涉及道德风险的债务，现在地方要按期偿债存在困难，对此要想办法帮助地方政府进行债务重组，以时间换空间。

同时，需要进一步优化地方债务的一些政策设计。首先，打破信用刚兑，让融资平台更加市场化，减少地方财政担保。目前发债主体和信用评级之间的关系不是很密切。比如，融资平台作为一家企业，由于尚未完全剥离其政府融资职能，市场对它的评级往往是基于投资者认为这家企业是由财政担保的。这可能会让债权人低估风险，造成债务过度扩张。因此，需要尽量减少地方财政担保，使评级机构能够根据融资平台本身的业务来决定评级，由此减轻政府的负担。其次，应明确专项债的责任主体。当前，专项债是由省政府代表地方市县发行的，因此，很难说清楚这些债究竟是基于省政府的信用还是地方政府的信用。需要明确专项债的真实等级，让地方债持有者持有的债券与其承担风险的能力相匹配，这样也有助于降低系统风险。最后，要避免专项债的资金用途泛化。专项债是为专门项目而筹集的资金，用这一项目所得的收益来偿还。但是，目前存在将专项债资金挪作他用的现象，甚至有时候专项债的项目都是不真实的，或者项目提供的数据是不真实的，这会给地方债埋下隐患。

（三）加大教育投入，补贴幼儿养育并扩容优质学校

前文提到，中国的社会福利性支出占财政支出的比重长期以来低于其他国家，居民消费占GDP的比重也低于大部分经济体。2009—2016年居民消费有所增加，那段时间居民消费增加的一个重要来源是基础设施投资带来的居民收入增加。但是当下基础设施投资效率已经比较低，所以我们需要思考以下难题：未来是否还要继续增加基础设施投资？如果不能继续增加，那么能否找到一个或

一些既有长期效率又能推动居民消费的办法？

我们的一个建议是加大对教育的投入。现在很多人在讨论如何加大对教育的投入，一种办法是延长义务教育。义务教育意味着小孩上学不需要缴纳学费，学校的费用基本上是由财政支出。我国现在是九年制义务教育，有人建议把九年制义务教育延长，问题是向哪一边延伸，向高中延伸还是向学前延伸？这是一个有争议的问题。我们的建议是向学前延伸。这是因为学前教育的投资回报率很高，同时学前教育的家庭支出负担是育龄家庭的后顾之忧，财政补贴学前教育对提振消费的效果更明显。

在投资回报率方面，研究人员对美国不同的政府教育项目进行了评估，研究表明，不管是0—3岁的托育阶段，还是3—6岁的学前阶段，教育投入的收益都远大于成本，幼儿养育每投资1美元，就能产生3—12美元的回报，年化回报率高于1900年以来全球股市年化美元投资回报率（Bailey et al，2021；García et al，2020；Gray-Lobe，2023；Heckman et al，2010；Hendren 和 Sprung-Keyser，2020）。有学者在中国做实验，他们也证实了幼儿养育的重要性（Sylvia et al，2021；Wang et al，2023）。回报高的一个重要原因是，这段时间的教育对个人的能力形成和后期发展非常重要，而且，幼有所育是高质量教育体系的起始环节和奠基性环节，教育的动态连续性和互补性意味着幼儿养育对后期教育体系的成效具有重要影响。所以，将义务教育延伸至学前阶段的投入是值得的，能带来很好的社会效益。

党的十九大以来，学前教育有了较大的改善，幼儿园入园率已经达到了85%左右。但是,学前教育支出对家庭的负担还比较大。中国居民收入调查数据显示,2017年家庭学前教育支出约占家庭总收入的10%。该负担率高于美国政府设定的家庭可承受的负担比例基准(7%),也高于日本、韩国、德国、法国、英国、俄罗斯、巴西、墨西哥、南非的负担率。托育服务占家庭收入的比重则更高,约为15%(程杰等,2021),也高于前面提到的大部分国家。同时,托育服务的供给依然不足,存在入托难的问题,3岁以下的婴儿入托率仅有5.5%,远低于OECD国家同年龄段儿童平均入托率(36%)。

因此,如果政府能够将义务教育提前到3—6岁,并在时机成熟时普惠托育服务,会带来多方面好处:第一,幼儿养育覆盖面广、获得感强,能有效降低生活成本,提振居民消费信心;第二,免费学前普惠托育是实现共同富裕、阻隔贫富代际传递、巩固脱贫攻坚成果的重要基础;第三,免费学前普惠托育可以有效减轻养育成本,鼓励生育,应对人口挑战。

我们也对财政补贴幼儿养育所需的支出做了预测。我们的测算表明,3—6岁学前教育免费并按学费以5%的速度增长,需要财政每年额外投入约GDP的0.2%。目前教育支出约为GDP的4%,免费学前教育意味着在4%的基础上增加0.2%。在托育服务方面,如果把入托率从现在5.5%提高到30%,平均每人补贴1万元,财政每年的额外支出是GDP的0.12%左右。如果这两方面都做,则财政支出就会增加GDP的0.32%。当然,这只是大致的估算,平均每人补贴1万元没有考虑到不同地区的成本差异。如果要考虑地区成本差异，就需要有不同的补贴方案，则有待进一步细化。

加大学前教育的投入，也会创造一些就业岗位，当前，青年人的就业是一个挑战，尤其是青年女性的就业。如果我们能普及学前教育，提高托育的覆盖率，有可能为青年女性创造更多的就业机会。我们的测算表明，大约可以创造200万人的就业机会，其中，幼儿园按7∶1生师比计算，教师的缺口是30万人；托儿所按6∶1生师比计算，24.5%的新增入托率，托育老师的缺口为170万人。

财政支持在幼儿养育上的扩围正在进入很多国家的公共政策议程。目前提供免费学前教育的国家有30多个，日本在2019年开始对所有家庭提供3—5岁儿童的免费教育，对低收入家庭免费提供3岁以下儿童的日托服务。

我们建议由政府财政来负担这部分教育支出，但不是取消社会办学，而是通过政府购买服务的方式，由政府来付费或者发放教育券，让居民可以选择到不同的学前教育机构去上学，也就是并非所有幼儿园都是公立的，但是幼儿园的质量要有比较好的监管。与此同时，重视师资建设，补助幼儿养育培训，增强学前教育的职业吸引力。重视幼儿养育的公平和均衡发展，财政投入尊重地区差异，既允许因地制宜，也要保障基本公共服务的均衡。将托育服务纳入地方基本公共服务体系，列入教育统计，当前以中央财政专项转移支付为主来启动免费学前教育和普惠托育服务。

关于教育，还有很多方面值得认真思考。比如如何在高考制度的约束下减少家庭教育竞争焦虑？我们认为最有效的办法是增加高质量高校的供给。优质高校的扩容和多元化不仅有助于增加拔尖创新人才的数量和多元化,而且会连带优质中学的扩容和多元化。虽然增加高质量学校供给也有难度,但比其他手段更值得去做。

四、结语

总结来看,我们面临着新的复杂的经济情况,这些新情况对政府治理和财政政策提出了更高的要求。应对这些要求,我们要突破过去的框框,采取一些新的手段,优化财政政策,提升国家财政尤其是地方财政的可持续性。应对当前地方财政的困难局面,需要明确长期的体制改革思路和近期可执行的行动方案。在近期,我们认为应当剥离出因为外生的新冠疫情冲击导致的地方债务,由中央给予补助。在长期,我们认为应以控制地方支出,出台避免严重道德风险的缓解地方债务压力的方案为主要方向。

2024年,政府经济工作的重点是"巩固和增强经济回升向好态势,持续推动经济实现质的有效提升和量的合理增长",需要继续实施积极的财政政策,并要适度加力、提质增效。加大教育投入,补贴幼儿养育并增加高质量学校供给,是当下积极财政政策的最优选择之一。这类政策不仅在当下有助于提振信心、促进消费、助力经济恢复,同时也是中长期中国经济社会可持续发展的必然要求。

参考文献

1. Bai, C.E., Liu, Q., & Yao, W. (2020a). Earnings inequality and China's preferential lending policy. *Journal of Development Economics*, Volume 145, June.

2. Bai, C.E., Hsieh, C.T., & Song, Z. (2020b). Special Deals with Chinese Characteristics. *NBER Macroeconomics Annual*, 34(2019): 341–379.

3. Bailey, M. J., Sun, S., & Timpe, B. (2021). Prep School for poor kids: The long-run impacts of Head Start on Human capital and economic self-sufficiency. *American Economic Review*, 111(12), 3963–4001.

4. Cascio, E. U. (2023). Does universal preschool hit the target? Program access and preschool impacts. *Journal of Human Resources*, 58(1), 1–42.

5. García, J. L., Heckman, J. J., Leaf, D. E., & Prados, M. J. (2020). Quantifying the life-cycle benefits of an influential early-childhood program. *Journal of Political Economy*, 128(7), 2502–2541.

6. Gray-Lobe, G., Pathak, P. A., & Walters, C. R. (2023). The long-term effects of universal preschool in Boston. *The Quarterly Journal of Economics*, 138(1), 363–411.

7. Li, H., Meng, L., Shi, X., & Wu, B. (2012). Does attending elite colleges pay in China?. *Journal of Comparative Economics*, 40(1), 78–88.

8. Heckman, J. J., Moon, S. H., Pinto, R., Savelyev, P. A., & Yavitz,

A. (2010). The Rate of Return to the High/Scope Perry Preschool Program. *Journal of Public Economics*, 94(1–2), 114–128.

9. Heckman, J. J. (2006). "Skill Formation and the Economics of Investing in Disadvantaged Children." *Science*, 312(5782), 1900–1902.

10. Hendren, N., & Sprung-Keyser, B. (2020). A unified welfare analysis of government policies. *The Quarterly Journal of Economics*, 135(3), 1209–1318.

11. Sylvia, S., Warrinnier, N., Luo, R., Yue, A., Attanasio, O., Medina, A., & Rozelle, S. (2021). From quantity to quality: Delivering a home-based parenting intervention through China's family planning cadres. *The Economic Journal*, 131(635), 1365–1400.

12. Wang, L., Qian, Y., Warrinnier, N., Attanasio, O., Rozelle, S., & Sylvia, S. (2023). Parental investment, school choice, and the persistent benefits of an early childhood intervention. *Journal of Development Economics*, 165, 103166.

13. 白重恩，张琼．中国的资本回报率及其影响因素分析［J］．世界经济，2014（10）．

14. 白重恩，谢长泰，宋铮，等．"特事特办"：中国经济增长的非正式制度基础［J］．比较，2021（1）．

15. 娄洪．更好发挥地方政府专项债券的作用［J］．债券，2023（3）．

16. 汪德华，邹杰．地方财政应对土地财政退潮冲击的思路研究［J］．比较，2023（6）．

17.汪德华，李冰冰.从单峰到双峰——1953—2019年中国财政支出结构大转型.工作论文，2023.

18.程杰，曲玥，李冰冰.中国0—3岁托育服务需求与政策体系研究［M］.北京：中国社会科学出版社，2021.

中国经济 50 人论坛丛书
Chinese Economists 50 Forum

第六章　数字人民币的相关理论与实践[①]

易　纲[②]

[①] 本文根据 2023 年 10 月 10 日长安讲坛第 404 期内容整理而成。
[②] 易纲，论坛学术委员会成员，中国金融学会理事会会长，中国人民银行原行长。

本章主要介绍数字人民币的研发背景和相关理论含义,并简单介绍一下数字人民币的试点和应用情况。

一、从货币发展历史的视角看数字人民币

在我国数千年文明史上,出现了多次货币变革,而每一次货币形态的变化都是由科技进步和经济社会发展所推动的,数字人民币也不例外。

(一)我国历史上的主要货币

金属货币主导了几千年的人类货币史,在我们中国的货币史上也很重要。在我国几千年文明史进程中,老百姓用于市场交易的货币一直是以铜钱为主,在有些朝代官制铜钱管理得比较有序,有些

朝代私铸铜钱泛滥。但从中国货币史的总括看,铜钱仍是一条占据重要位置的主线。

历史上金银主要用于统治者收税和富商储藏财富,可用于大宗交易,但基本上没有以官方形式正式铸造用于流通的金银钱币。有些朝代,比如宋代曾铸造过一些金银钱币,主要用于赏赐、祝寿、殉葬等。有些金银币流到民间,大多被当作宝贝留存。民间也有请金银匠打造金银币的情形,币上一般都会有一些吉利语。

明朝时期,随着海外白银大量流入,我国逐步形成了"大数用银、小数用钱",以白银为核心的货币体系。明代中期嘉靖年间,各种铜钱已经开始与白银建立比价关系。到万历年间(公元1580年前后),张居正成为明朝的内阁首辅之后,推行了一系列改革,其中把"一条鞭法"推广至全国是张居正变法的重要内容。简明地说,其主要内容包括:田赋和役法两方面改革,量地计丁,一概征银,即重新丈量土地,简化税负,摊丁入亩,以银折税,将以实物和劳役纳税转向以银缴税。可以说,推广"一条鞭法"实质上在全国范围内确立了隐含的或事实上的银本位制度,白银成为货币单位和价值尺度的主体,同时铜钱仍在日常交易中广泛流通。张居正作为明朝的内阁首辅,在皇帝首肯下,依托政治权力推进改革,在国内很大程度上强化了银本位制度,在世界范围内也影响了之后200多年全球的白银流向。

那么为什么金属货币能够在几千年的人类货币史上占主导地位呢?一个重要原因是贵金属货币本身具有较高的价值,天然就是最好的作为货币的商品,用作支付、价值储藏,持有者心里非常踏实。至于它怎么切割、交易、流通，与铜钱和铁钱搭配使用，就是技术层面的问题了。

（二）数字人民币保障了数字时代的提现权利

上文提到，在金属货币体系下，老百姓持有贵金属本身心里就是踏实的。而在中国几千年文明史上，直到近代才有比较系统的法币制度安排。清朝末年，清政府曾颁发律令想建立银圆券制度，但发布的时间是1909年，很接近辛亥革命，所以清政府并没有时间来真正建立一个法币或纸币的体系。中国历史上实际开始实行法币系统，是1935年11月国民政府颁布的法币改革，自此法币系统才正式确立。

但是法币系统确立以后，很快就面临币值稳定的问题。大家知道，持有纸币和持有银圆、黄金是不一样的，纸币面临保值的问题。如果出现货币超发、通货膨胀，纸币就会贬值，如解放战争时期国民政府金圆券大幅贬值，购买力严重缩水，让持有金圆券的老百姓遭受了巨大损失。

新中国成立后，党和政府高度重视币值稳定问题，《中华人民共和国中国人民银行法》也明确规定，货币政策的目标是保持货币币值的稳定，过去多年我国也没有出现过严重的通货膨胀，人民币保持了稳定的购买力，老百姓手中的票子没有"变毛"。

在现代金融体系下，老百姓在银行里有存款，在微信、支付宝账户里面有余额，但还是会有提现的需求，即对现金的需求。现金有什么作用呢？现金是在金融机构出现风险时的最后选择。打个比方，如果A银行发生了问题或有负面传言，A银行的储户可能就会着急去提现，进而引发挤兑。此时为了稳定大家的信心，告诉大家各位的存款其实都是没问题的，往往会把大量现金摆在 A 银行的柜台上，并延长取款业务的办理时间，让大家敞开提现。对很多人来说，把现金取出来、拿回家、放在褥子底下心里才踏实。这种提现的需求，是老百姓的合法权益，任何时候都要予以保障。

数字人民币是在现金以外给大家提供了另一个提现的途径，可以把银行存款转成数字人民币，数字人民币同样是央行的负债，央行有兑付的义务，与现金的安全性等同。此外，随着科技的发展，现金交易的比例可能越来越小，许多人现在出门可能都不带现金了，拿个手机就能支付了，在这种环境下，老百姓还是要有一个提现的选择，数字人民币就提供了这样的一个选择。

二、数字人民币的理论体系

数字人民币是中国的数字货币。特别要说明，这里我们讨论的数字货币，特指中央银行数字货币（Central Bank Digital Currency），也就是 CBDC，不包括比特币等非中央银行发行的加密货币。CBDC 在法律含义上与法币完全等同，背后同样是国家信用。

（一）研发背景和必要性

我们为什么要研发数字人民币？一是可以提高货币发行和央行支付系统的效率，二是可以为我们的支付系统提供一个备份，三是能够促进普惠金融和一些特殊群体、特定场合的交易。最主要的还是第三个方面,即服务人民群众,支持实体经济,改善营商环境。我国的金融服务普惠性很高,老百姓银行开户比例相当高,但仍有金融服务覆盖不到的人群,数字人民币则可以进一步覆盖。特殊群体包括老年人、残疾人、短期来华人士等开立银行账户不便的群体;特定场合主要指需要通过智能合同管理的交易,比如灾后重建、医保支出等,需要通过智能合约追踪资金流向。类似地,在对外贸易交易和保险保障中,需要定位货物的流动,并与资金流进行匹配。上述情形用数字货币的智能合约管理更加有效。

(二)数字人民币的价值基于物权

理解数字人民币的一个切入点是数字人民币的价值基于物权。现金遵循"占有即所有"的原则,就是任何人从钱包里拿出现金,不管是数字货币还是现钞,把现金支付给你,则支付过程就完成了。比如,我有100元钱,我把100元钱支付给你,就完成了这100元钱的产权转移和所有权转移,不再需要其他的确认环节,这就是"占有即所有"。数字人民币以币串(token)体现价值,价值基于物权,不管是通过哪一种电子钱包,我把数字人民币支付给你,这笔数字人民币的所有权就转移给你了。物权转移非常符合直觉,交给你了就属于你,这就是"占有即所有"。

但银行存款不是这样,存款的划转要通过银行,银行把支票付给支付对象要通过银行的账户,其中商业银行本代本账户转移可以在行内系统完成,而从A银行转到B银行这种跨行转账还需要通过中央银行的支付系统。

关于数字货币的未来方向，现在国际上讨论的也比较多，有一个比较时髦的理论，认为将来数字货币应该是一种代币化存款（tokenized deposit）。但代币（token）和存款（deposit）这两个概念在法律上含义就不一样，代币是基于物权的，代币的转移可以直接通过实物转移完成，但是作为银行存款，其转移就要通过银行系统，大多数时候还要通过中央银行的支付系统，是一个有第三方参与的过程。另一个法律关系上的不同就是匿名性的不同，比如我把100元现金给你，就我们两个人知道，但是如果你把一笔资金通过银行系统支付给收款人，这个交易是完整留痕的。所以这看上去很相似的两个过程，其背后的法律含义是不同的。

具体到我国的数字人民币，我们选择的方向就是价值基于物权，跟黄金、白银和现钞一样，遵循"占有即所有"的规则。但与此同时，数字人民币还可以同银行账户松耦合，就是数字人民币可以基于银行账户，也可以不基于银行账户而仅基于物权。从这个角度讲，数字人民币横跨了物权和银行存款这两方面的属性，这是理解数字人民币的一个重要方面。

（三）数字人民币聚焦于支付功能

货币有价值尺度、流通手段、贮藏手段和支付手段等多个职能。其中首先是有价值尺度职能，然后才能在商品交换中起媒介作用。商品数量增多后，以物易物的定价和交易都非常困难，比如十只手表等价于一个手机就很难操作，而如果用货币把每只手表和每个手机的货币价格标出来，就方便得多，这就是货币的价值尺度职能。

在现代商品经济中,货币非常重要的一个职能是支付手段。如果深入研究数字货币,尤其是中央银行的数字货币,就会逐步发现数字货币实际上与支付工具的联系是最为紧密的,要从支付这个切入点去学习、研究、理解数字货币。

在数字货币的讨论中,还有一个热点问题,就是中央银行要开发的数字货币是一个零售型数字货币(Retail CBDC),还是一个批发型数字货币(Wholesale CBDC)。我们在《中国数字人民币的研发进展白皮书》上明确提出,中国要走零售数字货币的道路,但欧洲央行等其他主要中央银行研究的数字货币,大多数选择的是走批发型道路。

批发和零售的定义是什么呢?中央银行和金融机构之间,以及不同金融机构之间的交易就是批发,如果要走批发型CBDC的道路,那么数字货币的使用仅限于中央银行和各金融机构之间的交易。而只要交易中有一方是个人、企业、事业单位或政府部门,那么这一支付交易就属于零售支付。

大家通过这个定义就可以理解,实际上零售方向包含了批发方向,走零售型数字货币道路比走批发型数字货币道路难度要大得多,对系统和基础设施覆盖面和深度的要求也高得多。只要能做零售,就一定能做批发,因为批发是央行和各金融机构之间的交易,这种交易比较简单,额度也比较大。而一旦涉及金融机构的客户,即数字货币让个人持有,让企业持有,让政府和事业单位持有,那么这个数字货币就变成一个零售的数字货币。零售型数字货币方向要复杂得多。

在零售方向上，我们最终要把数字人民币打造成通用型支付工具。有人就会问，现在微信、支付宝还有其他电子支付手段都非常方便了，为什么还要研发数字人民币？其实数字人民币与微信、支付宝并不矛盾，也不是替代关系。此前大家的微信和支付宝是基于银行账户的，上面流转的资金是银行账户中的存款，在数字人民币开发以后，微信、支付宝中流转的资金也完全可以是数字人民币，银行账户存款和数字人民币都可以用于电子支付。

（四）数字人民币坚持的三个原则

在中国人民银行发表的白皮书中，我们强调了数字人民币的三个原则。一是人民性，为最广大人民群众服务。二是市场化，尽量发挥市场机制的作用，不挤出原来市场的服务，以市场化的方式来提供数字人民币服务。三是法治化，包括保护个人隐私，依法保护产权、物权，等等。

数字人民币的三个原则与国际上讨论的主要原则也是一致的。在国际讨论中，中央银行群体就数字货币需要坚持的原则也达成了一些共识，形成了三个原则：一是无损原则，或者叫无害原则（Do No Harm），研发数字货币不应损害当前中央银行的履职或者授权。二是共同存在原则（Coexistence），即数字货币和现金共同存在，和其他的金融服务也共同存在，不会停止现金的服务。三是创新和高效原则（Innovation and efficiency），即运用创新技术提高支付系统的效率和安全性，给居民和企业更多的选择。

这里特别说明一下，在法治化原则下，数字人民币要把握好在隐私保护和合规性之间的平衡。合规性就是要遵纪守法，要符合反洗钱、反恐融资的有关规定。同时我们要保护隐私，这是一个比较难实现的平衡点。我们是怎么实现这个平衡的呢？主要是通过可控匿名的方式。我们把数字人民币的钱包分成四类，其中四类钱包金额比较小，基本上可以做到完全匿名。但如果要进行大额的交易，就要符合现金管理的一些要求，比如国际通行的反恐融资、反洗钱的要求。我们通过对金额上限的大小分类，来相应设定开户所需要的信息，即交易金额上限越高，金融机构等服务提供方所要了解的信息就越多。而金额最小的四类钱包只需要一个手机号就可以开户，甚至不必提供姓名和身份证号等信息，这样就能做到在依法合规的前提下尽可能地保护隐私。

相关工作要严格遵守《中华人民共和国个人信息保护法》，以及大额及可疑交易报告等要求，并在内控上设防火墙，个人信息要严格保密，不能外泄。在对大数据进行分析时，一般都会滤掉敏感的个人信息，比如姓名和其他信息，再进行处理，此时看到大数据的分析结果，并不能够追溯到原来的个人敏感信息。

（五）双层运营架构

数字人民币在具体运营中采用双层架构，第一层是中国人民银行向运营机构发行数字人民币，这里的运营机构包括国有大行，也包括微信、支付宝和三大移动运营商等；第二层是这些运营机构再向居民和企业提供数字人民币服务。在这样一个双层体系下，中央银行不直接向个人和企业提供服务，从而不改变原来的金融服务模式。比如，原来居民在哪家银行开户还可以继续在这家银行开数字人民币账户，原来用支付宝、微信，现在还可以继续通过支付宝、微信来使用数字人民币。

在双层运营体系下，我们仍坚持中央银行的中心化管理模式，而不是采取区块链或者分布式架构。我们采取中心化架构，主要有两方面的考虑。一是中心化管理可以大大提高支付效率，而区块链如果要应用到高频、大量的交易，比如一秒处理几万、几十万笔交易，是很困难的。二是数字人民币是央行的负债，央行对自身的负债要严肃对待，严格管理。比如现金也是央行的负债，现金管理就是中央银行把现金批发给商业银行，同时每一张现金上都有一个序列号码，中国人民银行对所有这些现金均有台账管理。

区块链和分布式意味着去中心化，比如比特币是基于区块链、分布式的，对后来的数字货币产生了比较大的影响。现在也有一些中央银行研发的数字货币采用了分布式架构。其实，很多中央银行的数字货币聚焦于批发而不是零售业务，一个重要原因就是受限于区块链的架构。区块链架构难以有效应对零售业务的量级和业务高峰的冲击，比如在"双十一"这种场景下每秒几十万次甚至更多的交易。

但要指出的是，数字人民币采取央行中心化管理，并不意味着央行要掌握所有的交易信息和个人信息。事实上，大多数信息是存在各金融服务提供商那里。央行只掌握一些重要的信息，如大额批发交易的情况、零售账户的余额等，而零售交易的具体细节信息都存在服务商,如中国工商银行、支付宝的系统中,即只有重要信息是中心化、集中到央行的。

双层运营架构有利于充分发挥市场的作用。我们坚持市场化方向,对所有可能的技术路线持开放的态度。市场机构的工作人员创造性、积极性很强,服务质量比较高,对所有的技术路线和服务形式,比如钱包的形式,服务的方式,结算、抵押、担保等安排,都可以提出很好的建议,我们在这些方面都尊重市场的创造力,并不规定必须走某个特定技术路线,而是制定一个统一标准,遵循一定的原则,维护一个最底线的法律框架。市场机构在这个框架内可以充分发挥创造力,为老百姓服务。

此外,在业务资源、人力资源和技术资源方面,市场也更加丰富。我们要对技术路线持开放态度,从而实现资源的最优配置,这样实际上也分散了风险。

(六)对货币政策的影响小幅可控

双层运营体系对货币政策的影响是比较小的,因为它尽可能不改变现有的金融市场格局和货币政策传导机制。此处引申介绍一个国际和国内数字货币研究中的热门概念,即"狭义银行"。狭义银行就是实现100%准备金都交给中央银行的银行体系。现在商业银行法定存款准备金率平均在7%左右,而这一比例如果提高到100%,就是狭义银行。狭义银行这个概念已经提出了很多年,大家也一直在讨论,但是世界上有没有狭义银行呢?其实我们的支付机构备付金管理,就是狭义银行的一个成功案例。大家知道腾讯、支付宝等100多家第三方支付机构,其账户上沉淀了很多资金,是企业和个人客户在其钱包中的余额,这些钱是属于客户的,但存在支付机构的账户上。中国人民银行要求支付机构把客户的钱100%存在央行,这就是狭义银行理论的一个实践。

这个狭义银行具体是怎么实现的呢?2016年,中国人民银行请示国务院,明确了管理方向,并于2018年7月开始,要求支付机构把50%的备付金存在中央银行,此后比例逐步调升,2019年初最终提高至100%。现在微信和支付宝钱包里的余额都是存在中央银行的,这些余额一共有2万亿元左右。要求支付机构把客户的钱100%存在中央银行,有利于规范市场竞争,更有利于保护老百姓的资金安全。这样如果一个第三方支付机构倒闭了,老百姓钱包里的余额仍可以受到保护。总的来说,支付机构备付金管理是一个成功的狭义银行案例。

一个常见的担心是,在狭义银行框架下,所有的钱都存到中央银行,商业银行无法进行货币创造,货币乘数也就下降到1了。但是在上述案例中,我国的情况不是这样。货币乘数是货币总量相较于基础货币的倍数,其中基础货币等于流通中的现金加上商业银行在央行的准备金。中国现在现金有十一二万亿元,准备金有20多万亿元,加在一起基础货币差不多35万亿元,2万亿元支付机构备付金只占35万亿元基础货币的6%,占290万亿元广义货币(M2)的比例更低。而我们现在有将近290万亿元的M2,相较于35万亿元的基础货币,货币乘数约为8。这是因为我们对银行系统的法定存款准备金率要求平均是7%,而银行存款规模远超支付机构备付金的规模，即使对支付机构备付金要求100%的准备金率，也并没有对我国的货币乘数和货币供给结构产生明显的影响。

我们在设计数字人民币的过程中，还特别注意了防止出现金融脱媒的情况。金融脱媒指的是老百姓把在商业银行的存款都转换成数字货币，商业银行的金融中介职能就发挥不了了。既然数字人民币是央行的负债，比商业银行存款更安全一些，那有没有可能在推行数字人民币时，老百姓会把银行存款都换成数字货币，从而变成对央行的存款？这是各国中央银行都在认真考虑的一个问题。

我们充分考虑了这个问题，并进行了相应的安排。首先就是实行双层运营结构，我们不改变现有的金融服务格局，老百姓享受的服务模式不变，各金融机构"八仙过海各显其能"，充分竞争为老百姓提供更好的服务，而不是让央行"包打天下"。

与此同时，我们对数字人民币钱包也设置了一些规则，以进一步避免老百姓把钱都转到中央银行。比如对交易限额，再比如数字人民币可以和银行账户松耦合，和银行账户存款相通，随用随补充，支付时余额不够可自动提取存款。另一个重要方面是，数字人民币是不支付利息的，与现金一样，即持有数字人民币不能像持有银行存款一样获得利息。这些措施都有助于防止金融脱媒。

此外，讲到金融脱媒，我们就不能不提到存款保险。按照我国的存款保险条例，如果银行破产的话，存款人存款的最高赔付限额是50万元，但在实际操作中，对老百姓存款的保护水平远高于50万元。如果说央行的现金安全程度是99.9%（这里不说100%主要是有一些防伪的考虑），那么存款保险等制度安排可以使老百姓在商业银行的存款可靠性也达到接近现金的水平。这也是避免金融脱媒的一个重要方面。

（七）理论小结

数字人民币是中国人民银行发行的数字形式的法定货币，由指定运营机构参与运营，以广义账户体系为基础，支持银行账户松耦合功能，与实物人民币 1∶1 兑换，共同构成法定货币体系，具有价值特征和法偿性，支持可控匿名。

三、数字人民币的试点和应用

（一）试点情况

中国人民银行从 2014 年开始研发数字人民币，2019 年开始第一批试点，2020 年进行第二批试点，2021 年发表白皮书，2022 年发布数字人民币 App，亮相北京冬奥会，并安排更多城市加入试点。目前，数字人民币已在全国多地试点，整体试点范围还是比较大的。

目前数字人民币钱包里的余额有 165 亿元，累计支持交易额近 2 万亿元，交易笔数近 10 亿笔，个人钱包有 1.2 亿个。虽然数字人民币的余额与货币总量相比很小，但它支持的交易量还是比较可观的，其流转效率比较高。

（二）延伸产品与应用

数字人民币提供多种类型的钱包供大家选择。首先就是根据不同金额设置不同等级的钱包，每一类钱包的客户身份识别强度不同，兼顾了隐私保护和合规性，此外还有基于手机 App 的软钱包，或者类似储值卡的硬钱包，等等。数字人民币还支持无线或者是无电支付，并可搭载智能合约，满足多样化的金融服务需求，在 C 端对老百姓服务、B 端对企业服务以及 G 端对政府服务多个方面，都发挥着重要的作用。数字人民币还有力地支持了绿色低碳生活方式，我们有很多激励机制可以用数字人民币支持绿色低碳转型。

（三）跨境使用与合作

跨境使用是数字货币研究和实践的另一个焦点领域。数字人民币在跨境使用方面，也遵循国际上通行的三原则：无损、合规、互通。在跨境合作中，我们尊重其他央行的货币主权与货币政策独立性，严守相关国家的法律和外汇管理等相关规定，并避免货币替代情况的出现。

对于跨境合作，我们与其他几家中央银行一起，开发了一个产品叫"货币桥"。目前其框架已经基本实现，通过货币桥可以用参与央行的数字货币进行跨境支付，并且这个支付可以更快捷、成本更低。

货币桥有四方面特征，一是模块化，二是可扩展，三是均衡性，四是互通性。这些特征在实践中有什么含义？每个国家和地区立法不同、政策规定不同，跨境交易的需求和优先序也不同，比如有的偏重于旅游支付，有的偏重于企业贸易，有的偏重于侨汇，等等。在这种情况下我们要尊重每个央行的选择，就要模块化，对每一种功能设计不同的模块，各央行需要哪个模块就把哪个模块纳进来，不需要的模块就可以暂时先不用。因此模块化就可以扩展。另外，它的均衡性也比较好，更有利于互联互通。比如现在有管理模块、监管模块、发行模块、外汇模块、结算模块、兑回模块、支付模块等，可以满足各类不同的业务需求。

货币桥的治理机构是指导委员会，下设若干分委会，比如中国人民银行牵头技术分委会，泰国央行牵头政策分委会，中国香港的金管局牵头法律分委会，阿联酋央行牵头业务分委会，各分委会其他央行也会参加。

与数字人民币在国内的制度安排不同，货币桥项目基于分布式和区块链架构。各个参加地区的央行可以批准其所辖地的商业银行参与货币桥，只要遵循有关规则就可以加入货币桥的区块链系统，这样各个商业机构之间的数字货币划转和支付就可以更加便利。

除货币桥外，中国内地和香港之间还建立了数字货币的双边跨境合作。中国人民银行和香港金管局有一个分布式账本技术（DLT）系统，这个账本实现了内地银行（如中国银行）和香港银行（如渣打银行）的数字货币跨境支付。比如内地的客户要支付给香港客户数字人民币，其数字人民币从中国银行到达渣打银行以后可以转换成数字港币，也可以存于渣打银行的数字人民币账户中，相关操作不到一秒钟就可以实现，非常快捷、方便。

中国经济 50 人论坛丛书
Chinese Economists 50 Forum

第七章　经济下行期资产负债表的调整及其对宏观经济的影响①

王一鸣②

---

① 本文根据 2023 年 10 月 12 日长安讲坛第 405 期内容整理而成。
② 王一鸣，论坛成员，中国国际经济交流中心副理事长。

本章内容主要讨论2010年经济进入下行期后，资产负债表发生了哪些变化，以及这些变化对宏观经济的影响。

经历了改革开放后30多年的高速增长，中国经济在2010年后逐步向中速增长阶段转换，经济增速由2010年的10.6%逐步回落到2019年的6.0%，降幅超过40%。2020—2022年三年疫情冲击进一步增大了经济下行压力，年均经济增速降至4.5%。伴随着经济进入下行期，周期性问题和结构性问题相互叠加，内生性因素和外部性冲击相互作用，原有的经济平衡关系被打破，引发居民、企业、政府部门资产负债表调整变化，并对宏观经济带来重要影响。

观察2010年后资产负债表的调整变化，可以看到，传统发展方式的强大惯性仍在推动资产负债表持续扩张，经济结构性失衡加剧了资产负债表调整的复杂性，房地产市场变化是引发资产负债表调整的重要变量。2020—2022 年疫情冲击造成了各部门的资产负债表结构性损伤，深刻改变了微观主体的行为模式，同时也影响到货币政策传导机制，制约经济的复苏进程。

需要指出的是，中国并没有出现典型意义的资产负债表衰退，但资产负债表结构性受损和市场主体主动修复资产负债表的行为，客观上造成了主动去杠杆和债务增速大幅下降，进而导致有效需求不足和经济下行压力增大。在这种情况下，需要创新宏观政策调控方式，以财政政策为主导，加大积极财政政策的力度，加强货币政策与财政政策的配合，并有序化解房地产、地方政府债务和中小金融机构风险。

一、资产负债表调整变化的主要特征

我国经济进入下行期后，居民、企业、政府部门资产负债表调整变化与经济增速放缓并不同步，而是呈现更为复杂的关系。

（一）居民部门资产负债表从持续扩张到明显放缓，实物资产占比仍然较高

2010 年后，我国居民部门资产负债表总体保持快速扩张态势，主要原因在于房价持续上涨，推动居民大规模举债购房，形成"房价上涨—房贷增加—房价进一步上涨"的正反馈机制。据测算，2022 年末，居民部门总资产为 604.0 万亿元，总负债为 74.9 万亿元，

居民部门资产负债率为 12.4%①（见图 7-1）。2010—2022 年，居民部门总资产增长 3.0 倍，总负债扩张 5.7 倍，年平均同比增速分别为 12.3% 和 17.2%。2021 年下半年以来，房地产市场调整打破了房价"只涨不跌"的预期，房地产市场交易量大幅下降，抑制居民债务增长，2022 年居民住房贷款仅增长 1.8%，居民部门资产负债表扩张明显放缓。

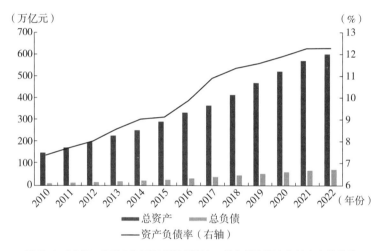

图 7-1　2010—2022 年居民部门总资产、总负债和资产负债率变化趋势

资料来源：作者测算。

从资产结构看，居民部门实物资产所占比重较高。2022 年居民部门总资产中金融资产、实物资产（如住房和汽车）占比分别

---

① 根据中国人民银行调查统计司城镇居民家庭资产负债调查课题组调查数据，2019 年城镇居民资产负债率为 9.1%；根据社科院估算，2016 年居民部门资产负债率为 10.95%。本文对居民部门资产负债率的估算与社科院估算值较接近。

为 38.4% 和 61.6%（见图 7-2）。[①] 居民部门实物资产中住房约占九成，房产对居民部门总资产影响较大。近年来，房地产价格增速放缓，居民部门配置金融资产的意愿有所增强。2010—2021 年，证券、理财、信托等高风险资产的占比提高 13.6 个百分点，而现金和存款等低风险资产的比重下降 15.6 个百分点。但 2022 年受居民部门避险情绪上升影响，证券、理财、信托三者合计比重环比下降 3.9 个百分点，基本转化为存款。

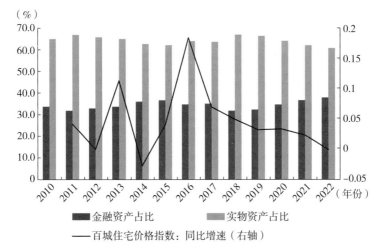

图 7-2　2010—2022 年金融资产、实物资产占比及住宅价格指数变化

资料来源：作者测算。

[①] 作为参照，根据中国人民银行调查统计司城镇居民家庭资产负债调查课题组调查数据，2019 年城镇居民家庭资产中金融资产占比 20.4%，实物资产中的住房和汽车两类资产占比 64.3%，其他实物资产占比 15.3%。若不考虑其他实物资产，则金融资产占比 24.1%，住房和汽车两类资产占比 75.9%。

（二）企业部门资产负债表在快速扩张后逐步趋稳，资产和负债结构发生变化

2022 年末，我国非金融企业部门杠杆率为 158.2%（见图 7-3），在主要经济体中仅低于法国，明显高于美国、德国和日本。这主要是地方融资平台承担了政府公共设施建设功能，负债都划归企业部门。2010—2015 年，受 4 万亿元投资刺激计划影响，企业债务大幅上升，而名义 GDP 增速回落，企业部门杠杆率年均上升 8.1 个百分点。2016—2019 年，推动以"去杠杆"等为重要内容的供给侧结构性改革，企业部门杠杆率年均下降 3.1 个百分点。2020—2022 年，企业部门债务扩张放缓，杠杆率变化主要受经济增速波动影响，年均增幅约为 2.7 个百分点。

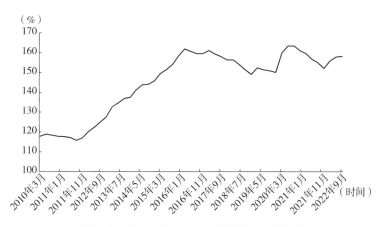

图 7-3　2010—2022 年中国非金融企业杠杆率

资料来源：BIS。

企业部门资产增速高位回落，2010 年规模以上工业企业总资产增速接近 20%，2014—2017 年降至 10% 左右，2017—2019 年降至

5%以下，疫情后回升到10%以上（见图7-4）。从4 000余家非金融非房地产实体上市企业看，总资产增速也呈现先降后稳的态势。从资产结构看，现金类资产比重上升。2020—2022年，实体上市公司年均持有10.9万亿元现金类资产，较2017—2019年增加六成。固定资产扩张速度明显放缓。2013—2022年，实体上市企业固定资产（包括在建工程）占总资产比重由38.6%降至26.4%，下降12.2个百分点。从负债结构看，经营性负债有所增加，由2013年的26.5%上升至2022年的38.1%，这可能表明企业之间的相互拖欠行为趋于严重，资金循环不畅。

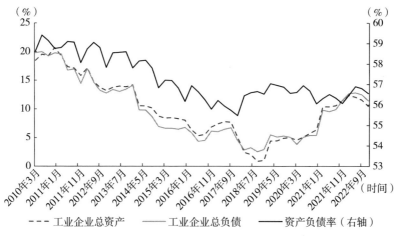

图7-4　2010—2022年规模以上工业企业资产和负债同比增速

资料来源：万得。

（三）政府部门债务保持较快扩张态势，地方政府债务风险上升

2022年末，我国政府部门法定债务（包括国债、地方政府一般债务和地方政府专项债务）余额为60.9万亿元，较2010年末增长

3.5 倍，年均增速为 13.4%，比同期名义 GDP 增速高 4.0 个百分点。政府部门杠杆率由 2010 年末的 32.7% 上升至 2022 年末的 50.3%（见图 7-5）。地方政府是政府部门债务扩张主体，2022 年末地方政府法定债务余额为 35.1 万亿元，较 2010 年末增长 4.2 倍，同期中央政府债务增长 2.8 倍。地方政府法定债务累计增加 28.4 万亿元，占同期政府部门法定债务增加额的 59.7%。随着债务持续扩张，付息负担明显加重，2022 年国债和地方债利息支出达 1.77 万亿元，较 2021 年增长 17.1%，与公共财政收入之比为 8.7%，较 2021 年增加 1.2 个百分点；部分省份地方债利息支出占比甚至超过 20%，地方政府债务扩张空间明显收窄。

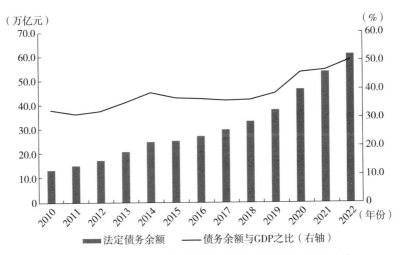

图 7-5　2010—2022 年政府部门法定债务余额及其与 GDP 之比

资料来源：财政部、审计署"全国政府性债务审计"结果，笔者测算。

地方政府通过扩大债务规模推动经济增长，往往以城投公司为主体的地方政府融资平台为载体，举债多用于地方市政和基础设施项目，建设周期长、经营收益低，随着债务余额快速上涨，债务风险加快积累。从公开发债的近 3 000 家城投公司看，2022 年 6 月末其有息负债为 55.7 万亿元，年均增幅高达 20.8%，增速明显高于地方政府法定债务。2021 年末，发债城投公司总资产接近 140 万亿元，但总资产净收益率仅为 0.67%，经营性收入难以覆盖利息和本金。不少城投公司只能依靠借新还旧维持资金链。2021 年，城投债券借新还旧的比例已达 65%，2022 年进一步上升至 76%。

二、资产负债表调整变化的内在机理

2010 年后，我国经济进入下行期，但传统发展方式惯性仍然强大，推动债务持续扩张，宏观杠杆率快速上升。2016 年后"去杠杆"政策实施，资产负债表扩张放缓，宏观杠杆率上升势头明显减弱。2020 年后的三年疫情冲击，资产负债表受到结构性损伤，引发微观经济主体行为方式变化，债务扩张进一步放缓。

（一）传统经济发展方式的强大惯性推动资产负债表持续扩张

2010 年后，我国经济增速虽已放缓，但债务驱动的发展模式惯性仍然强大，与经济增长周期并不同步。资产负债表仍处在加速扩张之中。2009 年，为应对国际金融危机带来的巨大冲击，我国推出了新增 4 万亿元投资的"一揽子"计划，并先后对基础设施投资降低项目资本金比例，对住房按揭贷款降低首付，客观上对经济主体扩大债务规模起到推动作用。基于在经济上升期形成的对未来经济增长和收入的乐观预期，经济主体往往倾向于高估自身的债务承受能力，信用体系快速膨胀，形成"资产价格上升—负债规模膨胀—资产规模扩大"的循环反馈机制，资产负债表持续扩张。根据国际清算银行的数据，2010—2016年我国非金融部门债务总规模年均增长17.1%，比同期名义GDP年均增速快6.7个百分点。我国宏观杠杆率同样呈现较快上升势头，由2010年的178.8%上升到2016年的254.4%。

从居民部门看，资产负债表扩张主要受房地产市场驱动。房地产资产估值高企，引发居民大规模举债购房。每一轮房价上涨周期都伴随着居民负债的快速增加，房贷增速上行与经济增速下行相互叠加，推高居民部门的杠杆率。根据国际清算银行数据，我国居民部门杠杆率由2010年的27.3%上升到2016年的44.2%，上升了16.9个百分点。

从企业部门看，传统竞争优势减弱，投资边际收益和偿付能力下降，但在预算软约束情况下，往往通过借新还旧、累积债务的方式维系经营运转，形成低收益和高杠杆相互强化的资产负债表扩张。2016年，我国企业部门杠杆率由2010年的117.8%上升到159.5%，远高于新兴市场平均102.4%和发达国家平均86.6%的水平。

从地方政府看，投资冲动和金融机构的约束机制不健全，地方融资平台债务规模快速膨胀。在投资效率不断下降的情况下，要保持产出的稳定增长，必然要扩大负债规模。政府部门显性债务规模占GDP的比重并不高，但增长较快。2010—2016年，政府部门杠杆率由33.7%上升到50.8%。若考虑隐性债务，政府部门债务规模扩张明显加快。从公开发债的近3 000家城投公司看，2022年6月末其有息负债为55.7万亿元，隐性债务规模大幅超过显性债务规模。

（二）经济结构性失衡加剧资产负债表调整的复杂性

在经济下行期，存量型经济特征更趋明显，对资产负债表调整的影响也更大。在这一时期，依靠成熟技术扩张获取规模效应的空间明显收窄，实体经济出现结构性失衡和产能过剩，产业利润率大幅下降。资金因追逐利润而"脱实向虚"，大量流入金融业和房地产市场，造成实体经济结构性供需失衡、金融和实体经济失衡、房地产和实体经济失衡，催生金融业过度繁荣和房地产泡沫，加剧潜在风险积累，增大了各部门资产负债表调整的关联性和复杂性。

针对我国经济运行面临的重大结构性失衡，中央作出推进供给侧结构性改革的重大决策。经过持续推进去杠杆，我国宏观杠杆率快速增长的势头初步得到遏制，非金融企业部门去杠杆成效较为明显，杠杆率年均增速降至个位数，地方政府隐性债务扩张态势得到遏制，增长较快的居民部门杠杆率增速有所放缓。但去杠杆措施短期内集中出台，各项举措形成的政策叠加效应，一度对金融市场形成较大冲击。2018年中美经贸摩擦增大下行压力，中央提出实行"结构性去杠杆"策略，以实现宏观杠杆率的稳定。2017—2019年，宏观杠杆率年均增幅在4.0个百分点左右，回到比较稳定的水平。

(三)房地产市场调整是引发资产负债表调整的重要变量

房产和土地是主要资产类别之一。房产在城镇居民家庭资产中的比重约为六成。房产和土地还是很多企业的优质资产,有相当数量的企业贷款是以房产和土地作抵押的。土地出让收入和房地产相关税收约占地方综合财力的一半,也是地方政府的重要收入来源。因此,房地产市场调整不仅影响房地产企业的资产负债表,而且对居民、企业和地方政府等具有系统性影响。从国际经验看,美国、日本等房地产市场调整都对资产负债表产生过较大冲击和负面影响。

近年来,随着人口增长格局和城镇化进程的放缓,我国房地产市场供求关系发生重大变化,特别是自 2021 年下半年以来,房地产市场加速调整,房地产销售面积从 2021 年峰值时的近 18 亿平方米下降到 2022 年的 13.6 亿平方米,2022 年房地产开发投资下降 10%。虽然房地产价格没有出现大幅下滑,但房价走弱改变了"只涨不跌"的预期,直接影响到房地产资产估值,资产端缩水抑制了负债端扩张,成为影响资产负债表的重要因素。

(四)疫情冲击导致资产负债表结构性损伤

2020 年后,持续三年的疫情冲击导致部分经济主体资产端估值下跌,资产扩张明显减速,引发资产负债表结构性损伤。尽管从平均意义上看,各部门并没有出现债务收缩情况,只是债务增速明显放缓,远没有达到资产负债率大幅上升进而资不抵债的情况,但低收入家庭、小微企业、地方政府资产负债表受损较为严重。资产负债表结构性受损引发了微观经济主体行为方式的变化,进而影响到宏观经济运行和宏观政策传导机制。

从居民部门看，低收入群体资产负债率相对较高，受疫情冲击影响也最大。根据中国人民银行的调查数据，2019年低资产家庭（资产少于10万元）中有负债家庭的平均资产负债率为111.0%，家庭资产无法覆盖债务。疫情冲击之下，低收入群体首当其冲，失业率上升，收入下降，导致部分居民家庭资产负债表受损。

从企业部门看，小微企业产品结构单一，在疫情冲击下更为脆弱，订单减少，产品价格下跌，利润下滑，有的企业现金流枯竭，偿付能力风险迅速上升，有的甚至因资不抵债而破产清算。

从政府部门看，地方政府受经济下行和房地产市场调整等影响，土地出让收益下滑，房地产相关收入下降，地方财政收入下滑，但支出刚性仍然较强，收支矛盾突出。城投债进入偿债高峰，平台公司通过借新还旧维系经营运转，隐性债务风险暴露，而可抵押的资产价值缩水，导致资产负债表恶化。

三、资产负债表受损对宏观经济的影响

疫情后资产负债表受损引发了微观主体行为方式的变化，为降低负债成本，微观主体削减支出、减少负债，由以往的追求"收益最大化"转为"负债最小化"，尽可能将现金流用于偿还负债，主动修复资产负债表。如果足够多的微观主体处于修复资产表的状态，就会对宏观经济带来影响。

（一）导致有效需求不足

资产负债表受损往往伴随着居民消费倾向、企业和地方政府投资倾向的同步下降，导致有效需求不足。居民部门在疫情冲击下，可支配收入增速下降，但名义债务支出是刚性的，偿债比例上升，居民家庭往往降低负债，如提前偿还房贷或增加预防性储蓄，以应对收入增长的不确定性。企业部门利润下降，资产价值缩水，负债率上升，投资意愿和能力下降，为降低负债成本，提前还款或减量续贷甚至不续贷。地方政府税收和土地出让收益下降，收支矛盾突出，扩大投资的动力减弱。从一定意义上讲，有效需求不足本质上是资产负债表受损的反映，需求的持续恢复有赖于资产负债表的修复。

（二）增强居民家庭储蓄意愿

资产负债表收缩增强居民预防性储蓄动机，形成大规模"超额储蓄"。自2021年以来，居民部门贷款增速下降，存款增速上升（见图7-6）。2022年，居民新增存款17.8万亿元，较2021年多增加7.9万亿元；而居民贷款仅增加3.8万亿元，二者之间缺口持续扩大。2023年上半年居民存款新增11.9万亿元，超过2022年全年新增17.8万亿元的一半；6月末居民存款存量达到132.2万亿元，其中定期及其他存款占比达70.9%，活期存款占比29.1%，表明居民储蓄倾向居高不下。与此同时，资产负债表受损对抵押品价值产生了影响，已投放信贷的抵押物价值缩水，有可能导致金融机构坏账率增加，推高其风险厌恶，提高贷款审核标准。同时，市场上可用于抵押融资的优质资产大幅减少,限制了金融机构的信贷投放意愿和能力,还可能导致金融机构信贷结构性收缩。

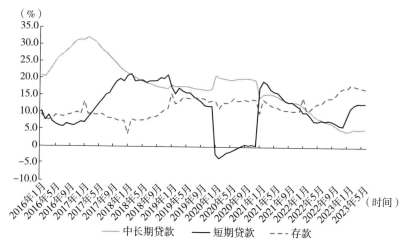

图 7-6　2016 年至 2023 年上半年居民部门存贷款余额同比变化情况

资料来源:万得。

(三)增大价格下行压力

资产高负债表的调整往往由资产价格下跌引发。资产端价值缩水但负债端名义负债保持不变,导致部分价格下跌的资产成为"负资产"。企业和居民部门均会缩减需求,尽可能将现金流用于偿还负债,对价格水平形成抑制。同时,预防性储蓄动机增强,推高储蓄规模,压低利率和通胀预期。自 2021 年房地产市场下行引发本轮资产负债表调整以来,我国居民消费价格(CPI)总体持续下行,2023 年 2—6 月已连续 5 个月环比负增长,6 月同比增速为零;工业生产者出厂价格(PPI)连续 9 个月下降,6 月降幅达到 5.4%。

（四）影响金融资源配置结构

资产负债表调整直接影响到金融资产结构和金融体系结构。从居民部门看，一方面，房产类资产价格下跌，推动居民增持金融资产；另一方面，居民部门风险偏好下降会增加存款比重，强化银行主导地位。从企业部门看，房地产市场调整后，房地产贷款增速回落至总体贷款增速以下，客观上会导致金融资源更多流向实体企业。从地方政府看，城投公司债务风险暴露，自2018年以来强化城投公司融资监管，城投公司资产负债表有所调整，这在一定程度上减少了对金融资源的占用，长期看有利于提高金融资源配置效率。

（五）引发区域经济分化加剧

经济落后地区产业竞争力不强、收入水平不高、人口流出压力大，各部门资产负债表更加脆弱，负向冲击后可能经历更深幅度、更长时间的调整。经济落后地区低评级城投公司、高风险中小金融机构、高负债企业等风险主体聚集，消费低迷、企业经营恶化、房地产市场下行等风险因素，通过需求收缩、预期恶化等链条引发多重风险共振，各部门资产负债表一致性收缩风险大。加之这些地区政府财力有限，可用于风险处置的资源少，考虑到前期金融风险处置消耗了大量资源，地方政府风险处置压力有可能明显增大。

（六）影响经济恢复进程

资产负债表受损后的修复要经历一个过程，对经济恢复进程形成制约。居民部门资产负债表修复取决于就业和居民收入增长,企业部门资产负债表修复取决于企业盈利水平改善。同时,房地产市场的恢复对居民、企业、地方政府负债端都有重要影响。资产负债表的修复受多方面因素制约,这就决定了本轮经济恢复过程更为复杂,还可能出现波动和反复。对经济恢复进程,既要有信心,也要有耐心。

四、国外资产负债表衰退的特征

我国目前虽有房地产领域的资产价值缩水,同时伴有有效需求不足和经济下行压力加大,但并没有出现资产价格暴跌和全面的债务收缩,尚不具有典型的资产负债表衰退的特征。但是,研究国外资产负债表衰退的特征仍具有重要意义。

(一)资产负债表衰退的典型特征

日本野村证券首席经济学家辜朝明提出了"资产负债表衰退"概念。在对日本20世纪90年代经济泡沫破灭进行研究后,辜朝明认为房地产和股票等资产价格的暴跌,导致私人部门资产端出现巨额减计损失,但其负债端依然存在偿付义务,私人部门从追求利润最大化转为追求负债最小化,资产负债结构不匹配引发私人部门大幅度去杠杆行为,对投资和消费产生了严重负面冲击。从国际经验看,美国20世纪30年代的大萧条、日本20世纪90年代房地产泡沫破灭、2008年国际金融危机,均与资产价格暴跌引发的资产负债表大幅收缩有关。

日本房地产泡沫破灭引发的资产负债表衰退最为典型。日本"经济奇迹"终结于1985年的"广场协议"。在美国的巨大压力下，日本政府放松了对汇率的管控，日元在短时间里从240日元兑1美元升至120日元兑1美元。为了对冲日元升值的不利影响，日本央行连续减息，导致房地产市场和股票市场飙升。为了挤出泡沫，日本央行从1989年5月开始加息，导致房市和股市崩盘。随后，日本央行又急忙降息以挽救房市和股市，但为时已晚。资产价格暴跌导致私人部门持有资产价值大幅缩水，为减少负债，私人部门不得不被动去杠杆，最终导致经济陷入长期衰退。

对辜朝明的资产负债表衰退概念，也有不少争论。有一种观点认为，辜朝明得出的结论大多源于实体—金融截然两分的方法论。辜朝明只讲信贷需求，不讲信贷供给。金融和企业乃一体两面，不能生硬地将两者切割开来。事实上，泡沫经济破灭后，企业与居民债务人违约，房地产价格和证券价格暴跌，各类资产的价值大幅缩水，银行贷款不良率迅速上升，2001年达到危险的8%以上。再者，辜朝明的框架过于强调政府财政政策的刺激，忽略了结构性因素和改革的重要性。修复企业和金融机构的资产负债表，不良资产从民间转移到政府，并未从根本上解决整个国家负债过高的问题。

资产负债表衰退与传统经济衰退有较大差异。传统经济衰退往往由经济周期中总供给与总需求的错配所导致，资产负债表衰退主要源于资产价格泡沫破灭后私人部门的资产负债表收缩。在传统经济衰退中，私人部门资产负债表并未处于资不抵债的状态，增加或减少债务、加杠杆或去杠杆仍是正常的经济决策行为。但在资产负债表衰退情况下,企业和居民家庭不得不减少债务和去杠杆。因此,资产负债表衰退对经济的伤害程度要远大于传统的经济衰退,呈现的特征也更为复杂。

资产负债表衰退持续的时间更长。资产负债表衰退的持续时间取决于微观主体资产负债表的修复过程。资产价格下跌幅度越大,负债水平越高,资产负债表的修复过程就会越长,经济衰退持续的时间也会更长。非金融部门资产负债表恶化向金融体系快速传导和蔓延,导致金融机构资产质量迅速恶化,风险迅速积累难以出清,往往伴生金融危机。与此同时,资产价值大幅缩水,市场预期和资产价格形成内生性自我强化,进一步强化总需求收缩态势。在这种情况下,增加基础货币无法让企业和居民家庭增加负债,降低利率也无法让企业和居民家庭更多地借钱。由此可见,资产负债表衰退还会影响到货币政策传导机制。

(二)资产负债表衰退的非典型特征

越来越多的研究表明,资产价格暴跌可能只是引起资产负债表衰退的主要原因之一,市场主体预期变化导致的资产价值重估同样可能会带来资产负债的再平衡。资产负债表衰退不一定完全是由被动去杠杆所致,主动去杠杆同样可能会导致资产负债表衰退。

如果市场主体预期持有的资产未来无法实现稳定的现金流,就会主动对资产价值进行重估。在这种情况下,即使私人部门的资产负债表保持健康,也可能会出现资产负债表衰退。原因是市场主体意识到资产负债表可能存在问题时，往往会压缩现金流支出，目的是通过增加储蓄的方式来偿还债务，或者通过增加储蓄来应对未来可能出现的现金流风险。私人部门不断压缩支出、增加储蓄有可能是资产负债表即将陷入衰退的前兆。

由此可见，资产负债表衰退的非典型特征表现为资产价值并未出现大幅缩水，企业和居民的现金流量表保持相对健康，仍然具有一定的债务偿还和资金周转能力，但由于资产负债表修复压力过大，企业和居民会主动去杠杆，这会抑制企业经营活力和居民消费信心，一旦这种行为成为普遍现象，便会逐步从微观层面传导至宏观层面，从而增大经济下行压力。

五、完善宏观政策推动经济持续好转

当前，我国并未出现典型意义上的资产负债表衰退，但资产负债表结构性受损和市场主体主动修复资产负债表的行为，客观上引发债务增速大幅下降，进而导致总需求不足，经济下行压力增大。在这种情况下，原有的宏观政策传导机制发生变化，需要针对资产负债表结构性受损的实际情况，创新宏观政策调控方式。

（一）宏观政策以积极的财政政策为主导

在资产负债表修复期，企业和居民部门尽可能将可支配资金用于削减负债。在此背景下，即使货币政策能够提供充足流动性，企业和居民部门新增信贷需求仍然不足。货币政策过度发力还会导致信贷资金淤积于少数优质市场主体而形成空转。因此，宏观政策调控要以积极的财政政策为主导，以政府信用为经济系统注入"源头活水"。

从国际比较看，我国中央政府杠杆率是主要经济体中最低的，2022年末仅为21.4%，美国、日本、德国、英国中央政府债务与GDP之比分别达105.5%、216.3%、45.9%和100.4%。若将我国中央政府债务水平提高至德国水平，估计有28万亿元的扩张空间。虽然这样类比可能过于简单，忽略了德国联邦政府的事权和支出责任与我国的差异较大，但可反映我国中央政府提高负债水平仍有空间。因此，可采取中央政府加杠杆的逆周期措施，提高中央政府负债率，以对冲企业和居民家庭主动去杠杆，避免总需求和杠杆率过快下降。

2023年10月，十四届全国人大常委会第六次会议表决通过关于批准国务院增发国债和2023年中央预算调整方案的决议。2023年第四季度增发1万亿元特别国债，2023年的赤字率水平调增至3.8%左右。本次增发1万亿元特别国债由中央政府承担偿还责任，全部通过转移支付方式安排给地方，同时为减轻地方财政配套压力，将一次性适当提高相关领域中央财政补助标准或补助比例，加大对地方的支持力度，确保项目顺利实施。这样的安排，在机制设计上有助于缓解地方政府的压力。

建议2024年继续安排适度规模的赤字，并发行一定规模的长期国债，筹措的资金除投向跨区域重点工程和人口净流入的城市基础设施建设外，更多用于帮助市场主体修复资产负债表和民生领域，激活企业和居民的信心。

对居民部门而言，可考虑对低收入家庭提供直接补贴，发行一定规模的限期使用的数字人民币，补贴低收入家庭，既推广数字人民币，又促进消费。与此同时，考虑到年轻家庭生育孩子的成本较高，可直接发放生育补贴，既激励生育，又促进年轻家庭增加消费。

对企业部门而言，除了延续、优化、完善并落实好疫情后出台的减税降费政策之外，可考虑阶段性承担小微企业缴纳的"五险一金"，补贴小微企业的房租、水电费等，既帮助小微企业恢复元气，又增加和创造就业机会。

对地方政府而言，可考虑收储部分大中城市闲置的房产，转化为农民工保障性住房，既盘活房地产库存，又帮助农民工解决"住有所居"问题。同时，在严明财经纪律的情况下，还可考虑有序置换和重组部分地方存量债务。

（二）加强货币政策与财政政策的配合

在经济下行期，企业和居民部门信贷需求不足，继续实施数量型货币政策可能导致相当比例的新增信贷继续流向大企业和国有企业，小微企业和民营企业可抵押资产缩水，增加融资依然面临困难。要发挥结构性货币政策作用，延长普惠小微贷款支持工具实施期限，引导金融机构继续加大对小微企业的信贷支持。

在数量型扩张受限背景下，要推动货币政策调控模式从量到价的转型，加大降息力度。目前我国非金融部门的总债务约为360万亿元，降息100个基点，就能减少利息支出3.6万亿元。调降利率可以降低全社会利息负担，同时还能降低融资成本，边际改善融资需求。当前,一方面,价格水平走低,实际利率水平仍然较高,为调低利率水平提供了空间;另一方面,受商业银行净息差收窄、汇率因素和资本外流压力增大的制约,降息空间受到挤压。为此,要把握好平衡关系。

(三)抓住房地产这个"牛鼻子"

房地产对居民财富、消费、市场预期都有重要影响。当前,房地产行业风险尚未出清。要继续推动房地产企业化解债务风险,从申请范围、用途等方面优化"保交楼"专项贷款政策,支持金融资产管理公司参与房地产企业存量风险化解,加强对房企股权融资的支持。在供给端加大对房地产企业融资支持的同时,需更大限度地在需求端发力,继续落实好已出台的取消限购限贷、降低首付比例和存量房贷利率、"认房"不"认贷"等政策,支持刚性和改善性住房需求的政策。除个别超大城市核心城区外,还可松绑限购、限贷等限制性措施。

(四)有序化解地方债务风险

受疫情冲击、房地产市场调整等因素影响,地方融资平台到期债务偿债压力增大,风险有所暴露,"土地—债务—投资"循环受阻。可支持地方政府发行长期、低息再融资债置换城投短期、高息债务,主要金融机构扩大再融资债的配置规模。在2022年国家设立的金融稳定保障基金框架内,与地方政府共同设立地方偿债备付金,通过增设防火墙,避免地方债务违约风险蔓延。强化金融约束，推动银行体系对涉城投公司金融资产风险分类处置，建立对城投公司或地方国有企业的贷款集中度管理制度。同时，加快城投平台公司整合、改革与转型，规范地方融资平台融资行为，推进债务信息公开，建立风险预警机制，推动融资平台市场化经营，解决地方政府"债务驱动"的投资扩张模式，推动地方政府债务由非法定债务为主向法定债务为主转变。

（五）强化金融监管和风险防范

在经济下行期，各部门资产负债表脆弱性增强并相互影响，银行体系潜在不良资产增加，金融风险暴露更加频繁。应加快夯实银行体系资本储备，支持银行发行二级资本债券补充资本，增大用于中小银行资本补充的地方政府专项债额度并放宽期限，稳步推动高风险中小金融机构改革化险。同时，强化金融监管和风险防范，补齐监管短板和监管空白，采取措施处置一批风险点，着力控制增量，积极处置存量，防止存量风险集聚。建立风险隔离和缓冲机制，避免风险在某些领域的过度集聚和在各部门之间的无序传递，促进各部门资产负债表的再平衡，增强自我修复能力，进而降低各部门的风险脆弱性，坚决守住不发生系统性金融风险的底线。

六、中国经济不会陷入"日本化"困境

近期，国际上有一种中国经济"日本化"的观点，认为当前的中国与20世纪90年代的日本有相似之处，包括经济增速下滑、人

口老龄化、通货紧缩、房地产泡沫、高负债水平、贸易摩擦等，由此判断中国经济将陷入困境。

事实上，当前中国经济与30年前的日本经济虽有相似之处，但在根本上是不同的，更重要的是中国有很多特有的条件和优势可以规避"日本化"现象。

（一）从发展水平看，中国还有巨大的追赶型增长空间

20世纪90年代的日本，人均GDP已达到2.84万美元，甚至比美国人均GDP还高出约4 000美元，增长潜力已十分有限。中国人均国内生产总值仍然较低，2022年中国人均GDP约为1.27万美元，仅为美国的17%，经济增长潜力巨大。2020—2022年，中国经济年均增长4.5%，低于潜在增长水平。随着疫情影响消退，需求和供给持续恢复，2023年前三季度经济增长5.2%，全年有望实现略高于5%的预期目标。这样，"十四五"前三年年均增速将达到5.5%，进一步向潜在增长水平回归，为实现"十四五"经济社会发展目标奠定基础。

（二）从人口变化看，中国人力资本存量增长可以抵消老龄化的影响

日本20世纪90年代中期65岁及以上人口占比为16.08%，中国2022年65岁及以上人口占全国人口的14.9%，但中国农业劳动力占比仍达到23%，远超日本当时5%的水平。这意味着我国可以转移18个百分点的劳动力，而1个百分点的劳动力就是780万人，

假设转移 10 个百分点，就比俄罗斯的全部劳动力存量还大。与此同时，我国人口从"数量型"向"质量型"快速转变。2021 年，受过高等教育人口累计约 2.4 亿，占总人口的 17.0%，2023 年大学毕业生人数达到 1 158 万。尽管老龄化加快，但由于人均受教育水平的提高，我国人力资本存量在 2035 年前仍将持续增加。

（三）从房地产市场看，随着城镇化推进房地产市场仍有空间

20 世纪 90 年代，日本为应对日元升值，实施宽松的财政和货币政策，导致房地产市场泡沫破裂，房地产价格大幅下降，银行不良债权急剧增加，市场需求大幅萎缩，加之城镇化率已达到 80%，房地产市场已缺乏内在发展动能。中国虽然部分城市房地产价格有所下降，但并没有出现大幅下跌，随着房地产政策逐步完善，市场将逐步恢复。更重要的是，中国城镇化尚未完成。2022 年末常住人口城镇化率为 65.2%，户籍人口城镇化率只有 47.7%，缺口 17.5 个百分点，居民刚性和改善性住房需求仍然很大，房地产市场仍有发展潜力。

（四）从物价走势看，中国现阶段并没有出现通货紧缩

事实上，当前物价水平走低是阶段性的，与经济学意义上的通货紧缩具有明显区别。经济学对通货紧缩的定义是物价总水平持续下降，并伴随着货币供应量减少和经济衰退。当前中国经济没有出现物价持续下降，货币供应量充裕，经济已企稳回升。随着影响物价下行的阶段性因素消除，CPI、PPI 将回归合理水平。2022 年在全球普遍出现通胀的大环境下,我国CPI同比上涨2.0%,核心CPI同比上涨0.9%,为宏观政策调控预留了更大的空间。

(五)从应对贸易摩擦看,中国市场的回旋空间更大

与日本当年面临日美贸易战有类似之处,当前中国也面临中美经贸摩擦,但要看到,中国的市场规模更大,市场开放度也比当年的日本更高。近年来,中国加快构建以国内大循环为主体、国内国际双循环相互促进的新发展格局,不断增强超大规模市场优势,企业积极主动进行调整,增强了应对外部环境不确定性的能力。

当前,经济运行面临的困难挑战,是疫情滞后影响等周期性因素和经济转型升级面临的结构性问题相互作用的结果。从发展趋势看,中国经济已进入趋势性恢复的轨道。只要将经济恢复过程转化为转变发展方式、优化经济结构、转换增长动力的过程,就一定能够推动中国经济整体好转并开启新一轮增长周期。

中国经济50人论坛丛书
Chinese Economists 50 Forum

第八章 从规模经济到创新经济[①]

彭文生[②]

[①] 本文根据2023年10月19日长安讲坛第406期内容整理而成。
[②] 彭文生,论坛特邀专家,中国国际金融股份有限公司首席经济学家。

近来，市场对中国经济未来发展相对悲观。近期发生的一些问题是过去几十年没有遇到的，比如人口老龄化，还有房地产和债务问题。一个金融周期一般持续20年左右，下行调整时间比一般的经济周期长。美国的次贷危机是急剧的金融危机，房地产从顶部到底部用了5年时间，调整充分，完成速度较快。而日本房地产泡沫破裂后调整了13—15年，相当于发生了一次慢性的金融危机。目前中国房地产市场的状况可能更接近日本当年的情形，房地产和债务的调整时间会比较长，给经济带来下行压力。另外，中美"脱钩"也是几十年以来的第一次。

在人口老龄化、金融周期下行、中美"脱钩"这些重大冲击之下，中国经济未来的增长点在哪里？我认为有一个因素值得重视，就是规模经济。规模经济是一个很古老的概念，亚当·斯密（Adam Smith）在《国富论》（*The Wealth of Nations*）中就提到了规模经济，即生产规模越大，单位成本越低。当前面临的这些挑战，都要求我们要有自己的科技创新和技术进步，而要实现创新，规模经济是一个重要基础。

一、全球创新的 G2 模式难以为继

过去两年，中金研究院和中金公司研究部联合发布了几项报告，其中把过去几十年全球创新的模式称为"G2模式"，即美国在前沿领域做一些突破式创新，然后通过中国的大市场和大制造业体系，快速、低成本地商业化（见图8-1）。在这个过程中，全世界都是受益的。美国的公司在中国赚了很多钱，典型代表是苹果和特斯拉，赚钱以后就有更多资源投入研发和创新，维持其技术前沿优势。中国也是受益的，因为制造和设计实际上很难分开，比如智能手机是苹果发明的，但是中国手机制造商可以通过学习追赶，缩小我们和美国的技术差距；特斯拉在中国建厂，在某种程度上也相当于帮助我们建立产业链。

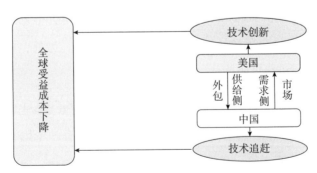

图 8-1 全球化的核心：G2 模式

资料来源：中金研究院。

遗憾的是，这种 G2 模式现在遇到了重大挑战，难以为继。美国要遏制中国的技术追赶，我们未来面临的挑战可以从两个视角来看。

第一，产业链纵向"卡脖子"的风险。我们在全球价值链的下游，既没有中上游国家的石油、天然气、铁矿石等大宗原材料，也没有一些关键的、不可替代的技术，处在一个可能被"卡脖子"的境地。从科技水平来讲，美国仍然很强大。中金公司研究部对半导体产业各环节的平均毛利率进行了分析，毛利率越高，说明定价能力越强。为什么定价能力强？因为有不可替代的技术。从图 8-2 可以看到，从设计到设备，再到垂直整合制造（IDM），我们的进步很快，中国大陆的半导体设计平均毛利率高于中国台湾地区以及日本和韩国，而美国在各环节的毛利率都是最高的，我们面临的是纵向被"卡脖子"的风险，这是科技封锁。

第二，产业链横向"去中心化"的风险。2000 年，全球制造业中心是美国、德国、日本；到 2019 年，中国大陆已经是全球最大制造业中心；疫情三年，中国的重要性进一步提高。西方国家发现，连抗击疫情的设备都要从中国进口，他们担心对中国出口依赖太大，提出所谓的"去中心化"。中心就是中国，"去中心化"就是通过回岸、友岸、近岸，甚至不计成本地搞重复制造、重复建设，把部分产能从中国清出去，或者把新增产能放在中国之外的地方。在全球化的 G2 模式之下，美国是全球最大的消费市场，通过消费多元化来驱动和引领创新，中国是整个链条的一部分。现在西方搞"去中心化"，降低对中国的依赖，那么我们创新的驱动力只能来自国内。

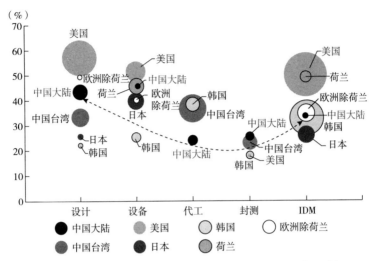

图 8-2　2020 年全球重点国家 / 地区半导体产业各环节平均毛利率

资料来源：万得，彭博，IC Insights，Trendforce，Digitimes，中国半导体行业协会，中金公司研究部。

注：圆圈大小为该国 / 地区企业在对应行业的总营收规模相对值（中金公司测算）。

二、规模经济是新增长点

规模经济实际上属于大国优势，规模越大，单位成本越低。举个例子，年产 10 万辆汽车和年产 100 万辆汽车的工厂，哪个单位成本更低？在同等技术条件下，工厂有固定投入，如厂房、销售、采购等投入，产量大的工厂显然单位成本更低。

大国规模经济效益不仅体现在制造业，也体现在公共服务业。过去我们买水果蔬菜要专门跑一趟菜市场或者超市，现在只要用手机下订单，30 分钟可能就送到了。为什么中国的快递和外卖比其他国家更发达？因为中国人口密度高，规模效应的优势就体现出来

第八章　从规模经济到创新经济

了。再举个例子，世界上绝大多数国家的年轻男性都要参军一次，但是中国和印度没有强制性的兵役制度，因为国防作为一种公共服务，在人口多的国家，分摊到每个人的成本就低。另外，中国基础设施之所以发展得很好，不仅因为它具有经济可行性，而且因为基础设施是公共服务，公共服务的重要特征就是，使用的人越多，单位成本越低。换句话说，规模越大，人口越多，提供公共服务的价值就越大。

知识型经济和创新也具有公共品属性，使用的人越多，单位成本越低。人越多，创新的动力越强，因为一个发明创造的使用者越多，总体回报越大。国家与国家之间的竞争，很多时候不是人均水平的竞争，而是总量的竞争。比如半导体领域，面对美国的封锁，一个小国没有太大希望去突破，因为资源有限，不可能投入那么多资源到一个细分行业，但是对于一个大型经济体来讲是有可能的。我们并不需要把资源全部投入某一细分行业，由于经济体量大，在任一选定行业的研发投入都可能高于其他大部分国家，所以规模经济在知识型经济时代更加重要。这同样也能够解释，为什么过去几十年中国在全球产业链中占据这么重要的地位，除非有高技术壁垒，否则几乎所有东西在中国生产都比在其他国家生产成本更低。

在古典经济学中，亚当·斯密、李嘉图认为，经济增长主要来自人口增长和资本积累，资本积累是指生产型资本，包括工厂、机器设备，后来也包括知识产权等。人既是生产者也是消费者，人多了是能生产多一点，但是消费也多，所以提高生活水平的根本办法是资本积累。怎么投资呢？就是把工人的报酬压到仅够维持生存的水平，这样的话，整个社会的产出就有相当一部分被储蓄起来，用于投资，有了投资才有增长，然后大家的生活水平才能提高，这是古典经济学早期的增长观点。

新古典经济学认为，经济增长最根本的来源是技术进步，即索罗模型。但是技术进步如何产生呢？经济学对此没有很好的解释，或者说，大家认为有一些偶然因素，进步是外生的。

从20世纪80年代开始，人们逐渐认为技术进步是内生的，是人类经济社会活动的一个结果，也就是说，技术进步本身可以被促进、被创造。这个内生的核心是什么呢？就是技术创造可以带来回报。其实最根本的还是规模经济，因为知识具有外溢效应，规模越大回报越高。比如，一个发明创造在新加坡有700万人使用，在中国有14亿人使用，回报率差别太大了。需求侧的强大驱动力，使得大家愿意增加研发投入来促进创新。除了需求侧的创新动力，也有资源上的优势。创新最根本的是人或者人力资源，假设每100万人中有1个天才，那么新加坡有7个天才，中国就有1 400个天才，谁的创新能力更强？当然，人口只是一方面，如果经济规模大，可能还有其他资源，这就在供给侧为研发投入提供了可能。按照内生增长模型，大国应该比小国增长更快、更富有，但内生增长模型最重要的预测和含义在过去一段时间并没有受到重视。在现实中，很多小型经济体比大国增长更快、更富有，似乎与理论预测不符。很多人在研究的时候，把大国和小国同等比较，分析它们的增长率、投资率、利率等，这都是没有考虑规模经济的因素。

我们要重视中国的规模经济优势，以前这个优势也发挥了作用,而现在正变得更加重要,因为逆全球化、数字经济、绿色转型等过去没有的因素都使未来大国的规模经济效应比过去更突出。

从人口规模来看,人口规模是规模经济的基础。在相当长的时间里,中国和印度是全球人口规模最大的两个国家,而且中国的劳动力规模大于印度。我国15—65岁劳动力数量超过8亿,而印度不到5亿,原因就是印度的儿童多,印度女性劳动参与率低。其他国家的人口规模跟我们不在一个层次,比如美国为3.3亿,印度尼西亚为2.8亿,巴西为2.1亿(见图8-3)。

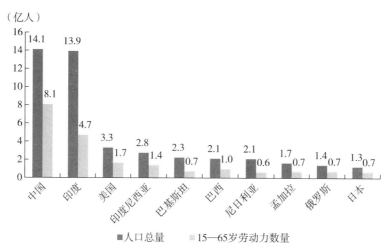

图8-3　2021年主要国家人口总量与15—65岁劳动力数量

资料来源:联合国人口署。

从人力资源来看,中国受过高等教育的人口超过2亿人,美国和印度差不多,都低于1亿人(见图8-4)。人力资源对创新而言是一个非常重要的基础,是规模经济的来源。

为什么说规模经济更重要?

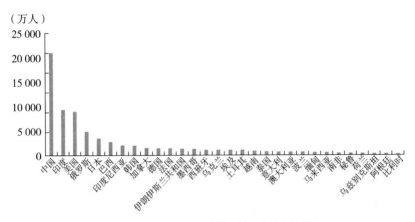

图 8-4　2020 年部分国家接受过高等教育的人数

资料来源：世界劳工组织，中金研究院。

第一，数字经济是规模优势的放大器。我们注意到一个很有意思的现象，在数字产业发展方面，大型经济体比较领先，最突出的是美国、中国，这几年印度也慢慢发展起来。数字经济为什么具有放大效应？因为数据作为生产要素，它具有一个重要特征——非竞争性，数字的使用不是相互排斥的，而传统生产要素具有很强的竞争性。

在农业经济时代，生产要素是劳动力和土地。就劳动力而言，一个人只能从事一种工作，不可能做很多工作。土地是最不具有规模经济的，因为土地就是空间，而占有空间具有很强的排他性、竞争性，人人都希望有自己的空间，不希望和别人共享。在农业经济时代，为什么人们的生活水平提高很慢？就是因为没有规模经济。

到了工业经济时代，规模经济就开始体现出来，人们的生活水平迅速提高。生产型资本有一定的竞争性，但是比土地的竞争性低多了，比如汽车供不应求时可以进口，也可以增加投资、扩大产能，但土地是不能进口的。规模经济意味着效率提升、成本下降、生活水平提高。

在知识经济时代，除劳动力、资本之外，数据也是生产要素。腾讯开发微信的时候有固定成本，但当微信被推广使用之后，可变成本就很低，几乎是零，因为一个人使用微信并不影响其他人同时使用。所以数据天然具有非竞争性，其可变成本边际是零，具有很强的规模经济效应。数字经济时代的来临，意味着大国比小国更有发展优势。

除了内部规模经济，还有外部规模经济。内部规模经济是把一个企业做大，外部规模经济是通过集群效应和上下游联系，共享公共服务，实现成本下降，这在数字经济时代更容易做到。它反映出有一些外部协同，通过数字经济的发展更容易提高效率，我们称之为"范围经济"。"范围经济"指的是，一个企业不只做一种产品，而是做多种产品，而且各种产品是跨界的，区别很大，可以是在制造业，也可以是在服务业。数字经济使商业模式、经济运行模式发生重大变化，规模经济优势更加突出，对大国更有利。

第二，在逆全球化背景下，小型经济体规模劣势回归。根据20世纪80年代罗默等提出的内生增长模型，大型经济体比小型经济体增长更快、更富有，很多人提出，亚洲"四小龙"怎么解释？实际上就是全球化使得小型经济体能够通过参与全球分工来实现规模经济，它们把所有资源聚集到少数行业，服务全球市场，规模做大，效率提升，成本下降。比如中国台湾地区大概有20%的GDP

来自半导体行业，如果是封闭的经济，这是无法想象的，就是因为它参与全球分工，把规模做大，把成本降下来。再比如瑞士，这个仅有几百万人口的小型经济体，竟然有两家在全球具有系统重要性的金融机构——瑞银集团和瑞士信贷，这两家机构都是参与全球分工，服务全球的高净值客户（当然瑞银集团收购了瑞士信贷那是后话）。

但现在"逆全球化"态势显现，小型经济体参与全球分工并享受规模经济的空间变小。比如现在美国要求台积电把一部分先进产能放在美国，如果都放在中国台湾，美国不放心。再比如，在俄乌冲突爆发之后，瑞士迅速参与了对俄罗斯的制裁，这引起全球（尤其是与美国不友好的）高净值客户的遐想：把钱放在瑞士金融机构是不是安全？瑞士金融机构能够服务全球高净值客户，一个重要的竞争力就是保密、安全、隐私，如果这个核心竞争力受到挑战，它就很难成为具有系统重要性的金融机构。因此，在逆全球化时代，大国优势回归。

三、绿色转型新规模经济

为什么中国绿色产业现在全球领先？中金研究院最近发布了一篇报告，分析的就是规模经济在绿色产业发展中的作用。我们在2021年出版的《碳中和经济学》一书中提出"绿色溢价"的概念。如何实现绿色转型？要把绿色溢价降到负值，也就是清洁能源成本降到低于化石能源成本，市场自然就有动力去使用清洁能源。

市场有效配置资源的一个基本假设是，每个人在追求个体利益的时候，实际上也会增进集体或者社会利益，个体利益和社会利益是一致的。但有时候也具有外部性，即个体利益和集体利益不一致，个体利益增加可能损害整个社会的经济增长。比如使用化石能源要排放二氧化碳，会影响气候，后果由全社会承担，但收益是自己的。

所以，靠现有市场机制是不够的，还要通过其他机制来纠正外部性，或者把这个外部性内部化。比如给你一定的碳排放权，然后通过碳定价来确定碳排放的价格，碳排放权可以在市场进行交易，由此增加了化石能源的使用成本，降低对化石能源的需求。还有一个方式，就是通过技术进步来降低清洁能源的成本。这个靠市场机制也不够，因为创新具有正外部性，个体利益和社会利益是不一致的。创新需要投入，风险比较高，但是如果创新成功，外溢效应会很大，整个社会都能享受技术进步的成果。这就需要外力来干预和纠正这种外部性，就是政府的一些扶持政策，包括税收、补贴等（见图 8-5）。

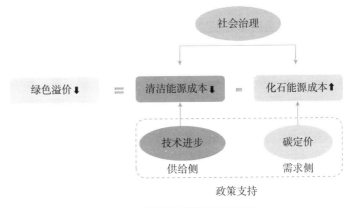

图 8-5　降低绿色溢价的两条路径

在供给侧发力，降低能源的成本，可以把绿色转型和经济发展更好地结合起来。现在美国、欧洲国家学习中国，也在发展绿色产业政策，甚至认为中国是靠补贴实现了绿色产业领先。其实没那么简单，如果一个行业一直靠政府补贴才能维持的话，那是不可持续的。中国的新能源在早期有一些补贴，后来是因为实现了规模经济，单位成本快速下降，自身具有经济可行性。

回顾过去二三十年，欧盟在绿色产业的需求侧发力，中国在供给侧发力，美国处于中间位置。欧盟推出的措施是启动碳市场、征收碳税、提升油车购置税，中国实行的是创新补贴、税收减免等。近期美欧都在向中国学习，比如美国的《通胀削减法案》，就是要通过补贴、税收优惠来扶持电动车、绿色电池等本土产业。这说明它们认为中国的模式是成功的。为什么十年前美国没有这样做呢？因为美国当时认为，政府补贴没有市场，通过征收碳税让市场本身有动力进行能源转换的效率更高。为什么中国成功了呢？就是因为规模经济。

从中欧两种路径的对比来看，欧盟的碳价相对于中国是上升的；中国新能源装机量在过去十年是上升的趋势，2013年只有欧盟的60%，现在已经超过欧盟的1.9倍（见图8-6）。这说明我们不依靠碳价的模式不但没有影响转型，反而促进了新能源产业的发展。

2022年我们在发电环节的绿色溢价已经为负，而且负值在过去几年不断扩大（见图8-7），也就是说，清洁能源相对于传统燃煤发电的成本优势越来越大。

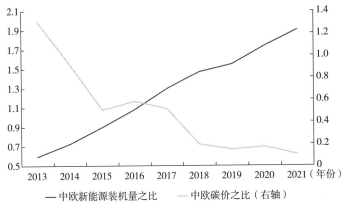

图 8-6 中欧新能源装机量之比与碳价之比

资料来源：BNEF，万得，中金研究院。

注：中国碳市场价格使用的是全国与区域碳市场的平均价格，新能源装机量为风电和光伏累计装机量之和。

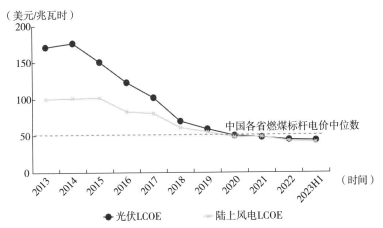

图 8-7 中国光伏、陆上风电平准化度电成本（LCOE）与燃煤标杆电价对比

资料来源：BNEF，各省发改委，中金研究院。

注：光伏为固定支架光伏，光伏、陆上风电均为全国平均水平。

这个规模经济是怎么体现出来的？我们看全球的光伏组件和锂电池，从 1976 年到现在，随着光伏累计装机量的增加，它的单位成本快速下降；从 1996 年到现在，锂电池的成本也在不断下降（见图 8-8）。

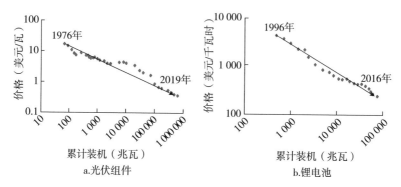

图 8-8 光伏组件与锂电池的单位成本变化

资料来源：Our World in Data，Ziegler M S, Trancik J E. Re-examining rates of lithiumion battery technology improvement and cost decline. Energy & Environmental Science, 2021，中金研究院。

新能源具备制造业的规模经济效应，有三个原因。

第一个原因，设备投资占比高。在传统化学能源的发电成本中，燃料成本占比高，设备成本占比低，煤电的设备成本占 40%，气电的设备成本占不到 20%。新能源的设备成本占比高，风电和光伏的设备成本都超过 80%（见图 8-9）。新能源是制造业，具有典型的规模经济效应，生产量越大，使用量越大，成本就越低。

第二个原因，技术研发投入大。我们用中国上市公司的两个行业进行比较，一个是新能源设备制造，另一个是化石能源开采，可以看到，新能源设备制造行业的研发投入占比大大超过化石能源开采行业，平均专利申请数也超过化石能源开采行业（见图 8-10）。也就是说，新能源要求更多研发创新，而研发创新有很强的规模效应，规模越大，可承担的研发投入能力越强。

第八章　从规模经济到创新经济

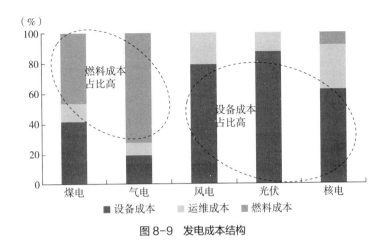

图8-9　发电成本结构

资料来源：Hirth L, Steckel J C. The role of capital costs in decarbonizing the electricity sector[J]. Environmental Research Letters, 2016，中金研究院。

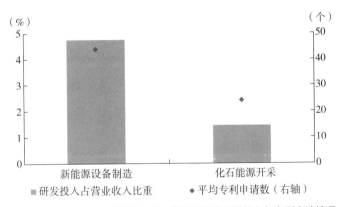

图8-10　新能源设备制造业与化石能源开采业研发投入与专利申请情况

资料来源：同花顺 iFinD，国家知识产权局，中金研究院。
注：新能源设备制造包括风电光伏设备和锂电，化石能源开采为煤炭开采，数据样本为2022年A股上市公司。

第三个原因，依赖公共基础设施建设。比如特高压线的建设，其成本比传统输电和配电要高很多（见图8-11）。分布式的家庭用光伏和电缆怎么连接？怎么做到平衡和稳定？包括储能配电等，都是基础设施，要同步建设。所以新能源更依赖于基础设施建设，而基础设施有很强的规模经济效益，使用得越多，单位成本越低。

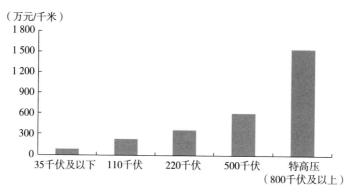

图8-11　2016—2020年特高压线建设与传统输配电线成本对比

资料来源：中电联，国家电网，中金研究院。

还有一个因素是数字经济。数字经济放大规模经济效应，这在新能源行业体现得非常明显。根据中金公司研究部的估算，新能源车的成本中有72%是和数字技术相关的成本，而燃油车只有22%的成本和数字技术相关（见图8-12）。新能源车更加紧密地和数字经济联系在一起，而数字经济有更强的规模经济效应。

数字经济还可以放大外部规模经济效应。比如，中国电动车的保有量大大超过其他国家，从桩车比来看，中国是13%左右，美国是4%（见图8-13）。也就是说，如果有100辆电动车，中国有13个充电桩，美国只有4个，在中国每一辆电动车能够使用的充电桩数量多于美国，并且充电桩的使用效率可能也比较高，为什么？这与智能化水平有关。现在充电桩都是智能的，驾驶员在驾驶间歇可以搜索，看一下周围哪些充电桩是闲置的，可以预约排队，从而提高充电桩的使用效率。无论是充电桩数量的增加还是智能化水平的提升,都降低了使用电动车的成本,而电动车越多,充电桩的使用效率越高。这两者相互促进,推动了电动车与充电桩网络的普及。

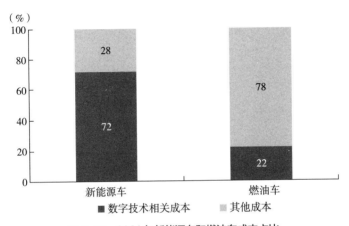

图 8-12 2021年新能源车和燃油车成本占比

资料来源:汽车之家,中金公司研究部。

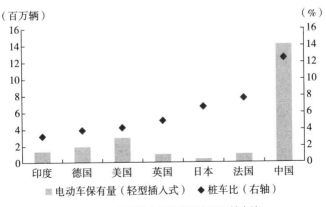

图 8-13 主要国家电动车保有量和桩车比

资料来源:国际能源机构(IEA),中金研究院。
注:印度为2021年数据,其余国家为2022年数据。

四、土地的规模不经济

绿色转型对于大国来说更容易,这里大国指的是空间大国。以化石能源为例,如果发现了新矿藏,挖得越深,开采得越多,占用的空间是有限的。但是新能源不一样,光伏、风电占用的是平地的空间,发展得越多,占用土地就越多,显然空间大的国家更有优势。举个简单的例子,比如新加坡,晴天可以用光伏发电,下雨天就不能用,只能用马来西亚传输的电。但毕竟它们是两个国家,必须考虑能源安全问题。而中国这样的大国就不同,今天广东下雨,湖北不一定下雨,就算湖北下雨,河北也不一定下雨。所以,空间越大,新能源的稳定性和供给的有效性就越强。

我们做了估算,当前全球能源生产占陆地的面积是0.4%,假设都变成光伏,占地就从0.4%增加到2.6%;如果都变成陆上风电,占地就增加到8.2%。所以,清洁能源替代化石能源,将使用更多的土地(见图8-14)。

以欧佩克(OPEC)为代表的石油输出国掌握了全球大部分的石油储量,而各国拥有的土地面积同样不均衡(见图8-15)。未来从化石能源转向清洁能源,同样存在能源安全的问题。只不过,现在是我们这些非石油输出国担心能源安全,以后是空间小的国家担心能源安全。

从未利用地面积来看,印度的空间虽然不小,但未利用地的面积很小,大部分已被使用;美国的空间总体规模跟我国差不多,但未利用地的面积也比我国小很多,大部分用于粮食生产;我国未利用地的面积最大（见图 8-16），新疆、西藏、甘肃等省区的大部分土地未被利用，可能没有条件用于生产，但有条件用于光伏和风电，这是我们的一个优势。

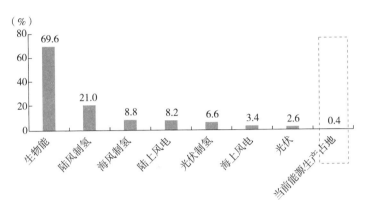

图 8-14　清洁能源替代化石能源所需的陆地比例

资料来源：Rennuit-Mortensen（2023），Lovering et al.（2022），中金研究院。
注：所需陆地面积为文章中乐观与悲观情形的均值。当前全部能源包括各类化石和清洁能源，但各自年份存在差别，具体可参考原文。

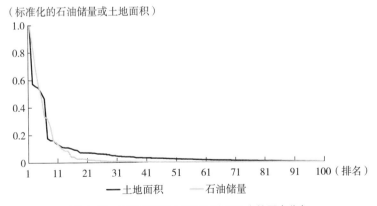

图 8-15　石油储量与土地面积前 100 名的国家分布

资料来源：Our World in Data，中金研究院。

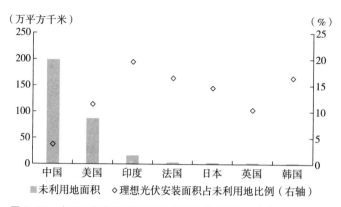

图 8-16 主要国家未利用地面积与理想光伏安装面积占未利用地比例

资料来源：BLM，GlobeLand30，中金研究院。
注：理想光伏安装面积按国土面积的 1% 的假设计算。

五、机遇和挑战

截至 2022 年 10 月，我国的光伏组件产能占全球的 80%（见图 8–17），新能源车产量占全球的 46%（见图 8–18）。中国人认为，中国为全球绿色转型作出了重大贡献，如果没有中国低成本地生产这些绿色产品，全球绿色转型会很缓慢；但是欧美可能会想，中国的绿色产业领先，我们的产业和就业怎么办？我们的能源安全怎么办？由此会引发贸易保护主义。正因为我们的规模大，改变了整个能源格局和制造业格局，所以也引起了全球的争议，这是未来我们要面临的挑战。

土地是规模不经济的，中国的空间大是优势，但过去十几年里，我们对新能源土地的使用是有很大问题的。部分清洁能源用地存在与耕地争地的现象，亟待建立新能源土地管理机制。数字规模经济对绿色转型而言是把双刃剑,协同发展是关键。要补齐新能源投资缺口,推动传统产业电气化,在数字治理中考虑绿色维度。

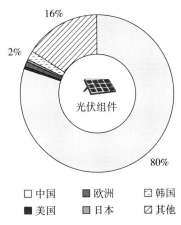

图 8-17　主要经济体光伏组件产能占比

资料来源:BNEF,中金研究院。

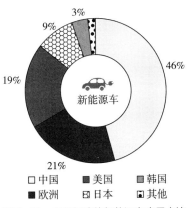

图 8-18　主要经济体新能源车产量占比

资料来源:EV Volumes,中金研究院。

构建创新生态,关键是政府与市场建立伙伴关系。私人部门创新投入不足,科学技术具有非竞争性、部分排他性,科研项目不确定性大、投入期限长。政府的角色有两个：第一，直接投入。包括加大财政对科学研究的支持力度，提升民企承担政府资助科研项目的比例，通过政府担保、采购等手段加大对小企业的普惠资助。第二，市场机制设计与规则制定。包括知识产权保护，设计激励相容的监督机制，严惩对公共资金的欺诈，金融服务创新经济，等等。

中国经济 50 人论坛丛书
Chinese Economists 50 Forum

第九章　高质量发展的理论和实践问题[①]

尹艳林[②]

---

① 本文根据 2023 年 10 月 26 日长安讲坛第 407 期内容整理而成。
② 尹艳林，论坛特邀专家，中央财经委员会办公室原副主任。

一、深刻理解推动高质量发展的重大意义

推动高质量发展作为习近平新时代中国特色社会主义思想的重要内容和党的二十大重大部署，需要我们认真学习、深刻领会、抓好贯彻落实。

发展是党执政兴国的第一要务。习近平总书记在党的二十大报告中就加快构建新发展格局、着力推动高质量发展作出了一系列新的论述及系统战略部署。2023年全国两会期间，习近平总书记在参加江苏代表团审议时强调牢牢把握高质量发展这个首要任务，并就推动高质量发展做了进一步阐述。这些都是习近平经济思想的最新成果，是习近平新时代中国特色社会主义思想的最新发展，对今后一个时期把握经济社会发展、做好经济工作具有全局性的指导意义。

首先，高质量发展是全面建设社会主义现代化国家的首要任务。党的二十大报告在经济建设部分开宗明义，提出了这一重要论断。这是在深入分析我国发展新的历史条件和阶段、全面认识和把握我国现代化建设实践历程以及各国现代化建设一般规律的基础上，作出的具有全局性、长远性和战略性意义的重大判断。未来五年乃至今后更长时期，全面建设社会主义现代化国家的任务很多、很繁重，但千头万绪，最为紧要的还是经济发展，经济高质量发展要取得新突破。党的二十大报告强调，没有坚实的物质技术基础，就不可能全面建成社会主义现代化强国。我国社会主要矛盾已经转化为人民日益增长的美好生活需要和不平衡不充分的发展之间的矛盾。不平衡不充分本质上是发展质量不高。从世界主要发达国家的现代化历程看，持续推进工业化进程、保持经济持续增长是实现现代化不可或缺的物质基础。历史上，英国、法国、德国等老牌资本主义国家在工业革命的推动下，不断实现经济发展和产业升级，在汽车工业、制药、化工、电气设备、核能等领域技术水平持续保持世界领先，实现了人民生活富足和国家现代化。美国在第二次世界大战后成为全球顶尖的科技强国，依靠全球的产业链供应链控制能力，稳坐超级大国位置。日本克服自身资源匮乏的不利条件，通过产业升级实现现代化，占据世界供应链的核心位置。而拉丁美洲等地区的一些国家曾一度迈入发达国家行列，但由于产业升级受阻等多重因素影响，导致其经济发展长期停滞，甚至落入中等收入陷阱，无法实现国家现代化。我国是一个发展中大国，仍处于社会主义初级阶段，经济实力、科技实力同世界先进水平相比还有相当大的差距。要全面建设社会主义现代化国家，就必须坚持以经济建设为中心，牢牢把握发展这个党执政兴国的第一要务，把推动经济高质量发展放在首要位置，不断夯实国家现代化建设的物质技术基础。否则，现代化强国就无从谈起。

其次，高质量发展是新发展阶段经济建设的主题。党的二十大报告在经济建设部分强调，要坚持以推动高质量发展为主题。高质量发展，最早是习近平总书记在党的十九大报告中提出来的，指出我国经济已由高速增长阶段转向高质量发展阶段。随后，在当年的中央经济工作会议上，习近平总书记对这个重大判断做了深刻阐述，并指出高质量发展就是能够很好满足人民日益增长的美好生活需要的发展，是体现新发展理念的发展，是创新成为第一动力、协调成为内生特点、绿色成为普遍形态、开放成为必由之路、共享成为根本目的的发展。2020年，党的十九届五中全会首次明确提出以推动高质量发展为主题。所以，以推动高质量发展为主题，是经济发展阶段和经济发展规律的必然要求。经济发展是一个螺旋式上升的过程，上升不是线性的，量积累到一定阶段，必须转向质的提升。从历史上看，我们党推动经济建设不断从低级形态向高级形态迈进，走向高质量发展经历了一个客观的历史过程。新中国成立初期，我国一穷二白，国家集中资源在短时间内建立起了独立的、比较完整的工业体系和国民经济体系。改革开放以来，我国经济迈入加速发展阶段，生产力不断得到解放和发展，经济规模不断扩大。但同时，经济增长方式较为粗放，经济结构不合理，能源、资源、环境等约束日益凸显，经济发展方式转变问题日益突出。党的十三大提出要从粗放经营为主逐步转向集约经营为主的轨道。党的十七大进一步明确了加快转变经济发展方式的战略任务。党的十八大以来，党中央提出要适应、把握、引领经济发展新常态，坚定不移贯彻新发展理念。党的十九大根据发展阶段和社会主要矛盾的重大变化，明确提出高质量发展的战略任务。党的二十大报告中明确提出，未来五年经济高质量发展取得新突破。在一定意义上可以说，全面建设小康社会主要是解决"有没有"的问题，而全面建设社会主义现代化国家必须解决"好不好"的问题。由此，高质量发展也就不可避免地成为新发展阶段经济建设的主题，离开这个主题，经济发展就可能失去方向。

最后，高质量发展是构建新发展格局的重要目标。构建新发展格局，是根据我国发展阶段、环境、条件变化，特别是基于我国比较优势变化，审时度势作出的重大决策。早在2020年4月，习近平总书记就在中央财经委员会第七次会议上指出，国内循环越顺畅，越能形成对全球资源要素的引力场，越有利于构建以国内大循环为主体、国内国际双循环相互促进的新发展格局，越有利于形成参与国际竞争和合作新优势。关于新发展阶段如何推动高质量发展，党的二十大报告明确提出要构建新发展格局，强调加快构建以国内大循环为主体、国内国际双循环相互促进的新发展格局，并将经济建设部分的标题直接写成"加快构建新发展格局，着力推动高质量发展"。这明确宣示了加快构建新发展格局是手段、途径，推动高质量发展是目标、要求。这是新时代新征程经济建设指导思想的重大理论创新。众所周知，马克思主义的认识论强调，理论来源于实践，实践需要理论指导。随着发展条件、环境的变化，经济建设的指导思想必须与时俱进。我国作为一个人口众多和超大市场规模的社会主义国家，在迈向现代化的历史进程中，必然要承受其他国家都不曾遇到的各种压力和严峻挑战。在这种情况下，必须进一步把发展的立足点放在国内，更多依靠国内市场实现经济发展。立足国内、依托国内大市场优势，充分挖掘内需潜力，以规模扩大、结构升级的内需牵引和催生优质供给。同时，新发展格局不是封闭的国内单循环，而是国内国际双循环，以国内大循环吸引全球资源要素，以国际循环提升国内大循环效率和水平，改善我国生产要素质量和配置水平，推动产业转型升级，提升创新能力、竞争力，增强供给体系的韧性，形成更高效率和更高质量的投入产出关系，实现经济在高水平上的动态平衡。

二、深刻总结我国推动高质量发展取得的伟大成就

党的十八大以来，以习近平同志为核心的党中央团结带领全党全国人民，坚持贯彻新发展理念，着重在解决不充分、不平衡的发展问题方面持续用力，推动我国经济实力、科技实力、综合国力和国际影响力都跃上了一个大台阶，推动高质量发展取得伟大成就。

一是经济总量实现大幅跃升。经济总量的持续扩大是经济实力和综合国力不断增强的综合反映。新时代十年，在我国经济由高速增长转向高质量发展的过程中，党中央保持战略定力，克服各种困难挑战，坚持稳中求进工作总基调，坚持高效统筹新冠疫情防控和

经济社会发展，加强经济政策的跨周期设计和逆周期调节，实现了经济平稳较快增长。2012—2021年，我国经济总量从53.9万亿元提升至114.4万亿元，年均增长6.7%，占世界经济的比重从11.3%提升至18.5%，稳居世界第二大经济体。我国人均国内生产总值从6 301美元提升至12 556美元。2022年，我国经济总量进一步提升至121.02万亿元，人均国内生产总值提升至12 741美元，按照国际货币基金组织最新标准，我国已经接近高收入国家门槛。我国有220多种工业品产量位居世界第一，同时是世界第二大消费市场、第一制造业大国、第一货物贸易大国、第一大外汇储备国，是世界经济增长的主要引擎。在百年未有之大变局和世纪疫情交织的情况下，这些成绩是来之不易的，我国经济展现出强大的韧性。纵观全球经济发展史，还没有哪一个经济体既有我们这么大的体量，还能保持如此长期的高速增长。所以，党的二十大报告指出，新时代十年"书写了经济快速发展和社会长期稳定两大奇迹新篇章"。

　　二是创新能力稳步提升。创新成为第一动力，是高质量发展最主要的特征之一。党的十八大以来，我国把创新作为应对发展环境变化、增强发展动力、把握发展主动权的根本之策，将其摆在党和国家发展全局的核心位置。我国全面实施创新驱动发展战略，发挥科技创新对经济社会发展的驱动作用，成功迈入创新型国家行列。新时代十年，我国研发投入强度从2012年的1.91%提升至2021年的2.44%，全社会研发投入从1.03万亿元增长到2.79万亿元。2022年我国全社会研发投入总量达3.087万亿元，首次突破3万亿元大关，仅次于美国，位居世界第二。同时，我国研发人员总量在 2013 年超过美国，已连续 10 年稳居世界首位，高层次科技创新人才达到 4 万人。全国自主创新示范区从 3 个增加到 23 个，北京、上海、粤港澳大湾区跻身全球科技集群前 10 位，高新技术企业从 4.9 万家增加到 33 万家，涌现出一批具有全球竞争力的科技领军企业。2022 年，在世界知识产权组织发布的全球创新指数排名中，我国从 2012 年的第 34 位上升至第 11 位，2022 年中国作者在高质量自然科学期刊上发表论文份额首次排名第一，超过美国。国家实验室体系正在加快构建，国家技术创新中心、产业创新中心、工程研究中心等创新平台布局日趋完善；一批国家重大科技基础设施处于国际领先水平；人工智能、移动通信、超级计算机等前沿领域与世界先进水平同步；新型核电技术走在世界前列；动力电池等领域达到世界一流水平；大飞机制造取得重大突破，国产大飞机 C919 已投入商业运营，标志着我国具备自主研制世界一流大型客机的能力。可以说，我国科技创新实力正在从量的积累迈向质的飞跃，从点的突破迈向系统能力提升，我国已经成为国际前沿创新的重要参与者和共同解决全球性问题的重要贡献者。

三是经济结构持续优化。经济结构优化升级是高质量发展的最主要标志之一。新时代十年，我国坚持以高质量发展为主题，以推进供给侧结构性改革为主线，把经济发展的着力点放在实体经济上，通过优化要素配置、加快结构调整、提高供给体系质量和效率，经济结构逐步向形态更高级、分工更复杂、结构更合理的阶段演化。我国三次产业结构比重更趋合理，从 2012 年的 9.1∶45.4∶45.5 调整为 2022 年的 7.3∶39.9∶52.8。第二产业比重虽然有所下降，但其内在质量更为优化提升，高技术、高附加值的产业贡献越来越突出；第三产业比重上升，反映了这些年工业化和信息化、先进制造业和现代服务业融合发展的进程加速。2012—2022年，规模以上高技术制造业和装备制造业增加值年均增速分别达11.3%和8.9%，成为第二产业新生力量；现代服务业、新兴服务业迅猛发展，新技术、新产业、新业态、新赛道层出不穷，在GDP中的比重明显提升，新的支柱产业正在加快培育、形成和壮大。同时，随着京津冀协同发展、长江经济带发展、粤港澳大湾区建设、长三角一体化发展、黄河流域生态保护和高质量发展、雄安新区建设、成渝地区双城经济圈建设等区域重大战略稳步实施，区域发展取得显著成就，中西部地区与东部地区发展差距正在缩小。2012—2022年，东部、中部、西部、东北地区生产总值年均分别增长6.6%、7.2%、7.4%和4.2%，中西部地区增速明显快于东部地区，人均居民可支配收入最高的东部和最低的西部之比已从1.7∶1缩小到1.61∶1。此外，我国全面实施乡村振兴战略，农业农村生产生活条件大为改善，城乡居民可支配收入之比由2012年的2.88∶1降低到2022年的2.45∶1，常住人口城镇化率从2012年的53.1%提高到2022年的65.22%，有1.8亿农村人口进城落户，城乡发展更趋协调。

四是生态环境保护发生历史性、转折性、全局性变化。保护生态环境、实现绿色发展是高质量发展的应有之义。党的十八大以来，我国坚持绿水青山就是金山银山的发展理念，深入打好污染防治攻坚战，推动发展方式绿色转型。2022年，我国地级及以上城市平均空气质量优良天数比率达到86.5%，比2015年提高10个百分点；PM2.5平均浓度从2015年的46微克/立方米下降至29微克/立方米，降低37%。全国地表水水质优良（Ⅰ—Ⅲ类）断面比例达到87.9%，比2012年提高26.3个百分点；劣Ⅴ类水质断面比例降至0.7%，比2012年下降7.7个百分点；地级及以上城市黑臭水体基本得到消除。统筹推进山水林田湖草沙一体化保护和生态修复工程、海岸带保护修复工程等，土壤环境风险得到有效管控。2012—2022年，我国国内生产总值能耗强度累计下降26.3%，万元GDP用水从118立方米下降到49.6立方米。着力推动产业结构、能源结构、交通运输结构调整优化，经济社会全面绿色转型迈出新步伐。

五是民生福祉持续增进。更好地满足人民对美好生活的向往是高质量发展的根本目的。党的十八大以来，我国坚持把让老百姓过上好日子作为经济工作的出发点和落脚点，着力解决好人民群众急难愁盼问题，推动实现全体人民共同富裕；打赢了人类历史上规模最大的脱贫攻坚战，历史性解决了困扰中华民族几千年的绝对贫困问题，9 899万农村贫困人口全部脱贫，创造了世界脱贫史上的奇迹。我国居民人均可支配收入增速与经济增长基本同步，中等收入群体规模超过4亿人。截至2022年，我国基本养老保险参保人数由7.9亿增加到10.5亿，基本医疗保险参保人数由5.4亿增加到13.5亿，建成了世界上最大的社会保障网。我国九年义务教育巩固率达到95.5%，比2012年提高3.7个百分点，高等教育进入普及化阶段。健康中国建设稳步推进，应对突发公共卫生事件能力大幅提高。累计建设了各类保障性住房和棚改安置房8 000多万套，2亿多困难群众住房条件得到明显改善，使人民群众获得感、幸福感、安全感更加充实、更有保障、更可持续。

六是安全保障能力持续提升。高质量发展是更加安全、更有保障的发展。党的十八大以来，坚持发展与安全并重，努力实现发展和安全的动态平衡，有效防范化解了各类风险挑战。十年来，我国全面推动藏粮于地、藏粮于技战略，深入实施种业振兴行动，落实最严格的耕地保护制度，牢牢守住了18亿亩耕地红线，谷物总产量连续9年稳定在1.3万亿斤以上，稳居世界首位。推动能源生产和消费革命，能源生产总量达到54.1亿吨标准煤，发电装机容量达到25.6亿千瓦。14亿多人的粮食安全、能源安全得到有效保障。加大重要产品和关键核心技术攻关力度，一批"卡脖子"问题得到解决，重点产业和关键领域保持平稳运行，大宗商品、原材料等保供稳价工作有力有序，产业链供应链韧性持续提升。深入打好防范化解金融风险攻坚战，稳妥处置重点中小金融机构风险，稳妥化解大型国企债务违约风险、股票质押风险，推进私募基金风险防范处置，规范平台企业金融业务，宏观杠杆率总体保持稳定，金融风险已有所收敛，金融体系总体稳健，守住了不发生系统性风险的底线。

三、深刻认识推动高质量发展的经验

党的十八大以来，在推动高质量发展的进程中，我们党积累了许多宝贵的经验，归纳起来主要有以下几个方面。

一是全面加强党对经济工作的领导。坚持党的全面领导是推动高质量发展的根本保证。党的领导是中国特色社会主义最本质的特征，是中国特色社会主义制度的最大优势。党的十八大以来，高质量发展之所以能取得伟大成就，最根本的是有习近平总书记的领航掌舵，以习近平同志为核心的党中央全面加强对经济工作的集中统一领导，健全党领导经济工作的体制机制，强化中央决策议事协调机构职能，形成了中央政治局常委会、中央政治局定期研究分析经济形势、决定重大经济事项，中央财经委员会及时研究经济社会发展重大问题，中央全面深化改革委员会及时研究经济社会领域重大改革等体制机制，充分发挥党总揽全局、协调各方的作用，提高各级党组织落实中央重大经济决策的战略一致性和协调性。以中央财经委员会（原中央财经领导小组）为例，党的十八大以来共召开了28次会议，研究了40余项重大议题，议题涵盖科技、产业、区域、金融、民生、人口、生态等领域，提出了一系列事关全局和长远的重大战略。习近平总书记亲自主持历次会议，作出了一系列重大判断、重大决策，并多次对这些决策部署落实情况进行总结和再部署，有力加强了党对经济工作的领导，推动了新时代我国经济社会高质量发展。2023年5月，二十届中央财经委员会召开第一次会议再次指出，经济建设是党的中心工作，加强党对经济工作的领导，是加强党的全面领导的题中应有之义。

二是坚持以人民为中心的发展思想。以人民为中心是推动高质量发展的根本目的。党的十八大以来，以习近平同志为核心的党中央坚持发展为了人民、发展依靠人民、发展成果由人民共享，尽力而为、量力而行，着力补齐民生保障短板。比如，中央财经领导小组会议分别研究了扶贫开发工作、扩大中等收入群体工作、"十三五"规划纲要确定的165项重大工程项目进展情况和解决好人民群众普遍关心的突出问题，中央财经委员会会议又分别研究了打赢脱贫攻坚战、全面建成小康社会补短板、加强公共卫生体系建设、扎实推动共同富裕等问题。这些重要会议提出了新时代改善民生、全体人民共同富裕的总体思路和基本原则，明确了重点任务和重大举措，为打赢脱贫攻坚战、如期全面建成小康社会提供了战略指引，为实现全体人民共同富裕明确了战略方向。

三是坚持完整、准确、全面贯彻新发展理念。新发展理念是推动高质量发展的重要指引。党的十八大以来，以习近平同志为核心的党中央对发展理念和思路作出及时调整，提出创新、协调、绿色、开放、共享的新发展理念，有力指导了我国新的发展实践。习近平总书记还多次强调，新发展理念是一个系统的理论体系，回答了关于发展的目的、动力、方式、路径等一系列理论和实践问题，全党必须完整、准确、全面贯彻新发展理念。习近平总书记在2019年12月中央经济工作会议上强调，新发展理念既有各自内涵，更是一个整体，要树立全面的观念，克服单打一思想，不能只顾一点不及其余。2021年1月，习近平总书记在中央政治局第27次集体学习时强调，新发展理念是一个整体，无论是中央层面还是部门层面，无论是省级层面还是省以下各级层面，在贯彻落实中都要完整把握、准确理解、全面落实，把新发展理念贯彻到经济社会发展全过程和各领域。党的十八大以来，正是因为我们完整、准确、全面地贯彻了新发展理念，才推动了发展质量和效益不断提高，保持了经济平稳健康发展。

四是坚持目标导向和问题导向。这是推动高质量发展的重要方法和路径。党的十八大以来，以习近平同志为核心的党中央紧紧围绕全面建成小康社会和社会主义现代化建设目标，针对经济社会发展中的薄弱环节和人民群众普遍关心的突出问题，抓住主要矛盾、破解关键难题，采取有力措施努力解决短板问题，以重点突破带动经济社会发展水平整体跃升。比如，针对我国创新能力不强、产业基础和产业链脆弱问题，中央财经领导小组会议和中央财经委员会会议分别研究了创新驱动发展战略和提高关键核心技术创新能力、提升产业基础能力和产业链水平问题，明确了创新驱动发展战略的基本思路和重点任务，提出打好产业基础高级化、产业链现代化攻坚战。针对我国城镇化质量不高、区域发展不协调等问题，中央财经领导小组会议和中央财经委员会会议研究提出京津冀协同发展、长江经济带发展、黄河流域生态保护和高质量发展、成渝地区双城经济圈建设等区域重大战略，完善了我国空间发展战略布局。针对不断积累显现的经济结构性问题，中央财经领导小组会议先后三次研究推动供给侧结构性改革，明确了改革的思路、举措和任务。针对经济循环不畅、现代化流通体系不健全问题，中央财经委员会第七次会议就畅通国民经济循环和现代化流通体系建设做了专门研究和部署，就是在这次会议上首次提出了"构建新发展格局"这一重大战略任务。

五是坚持深化改革开放。改革开放是决定当代中国前途命运的关键一招,也是推动高质量发展的根本动力。党的十八大以来,以习近平同志为核心的党中央坚持统筹国内国际两个大局,坚定不移推进全面深化改革,坚决破除各方面体制机制弊端,先后共推出近3 000个改革方案,涉及经济社会发展各领域。党的十八届三中全会部署的改革任务总体完成,党的十九大以后部署的新的改革任务接续推进,一些重点领域和关键环节取得突破性进展,各领域基础性制度框架基本建立。同时,着力构建开放型经济新体制,加快推进自由贸易试验区、海南自由贸易港建设,我国已成为140多个国家和地区的主要贸易伙伴,货物贸易总额居世界第一,吸引外资和对外投资居世界前列,《区域全面经济伙伴关系协定》生效实施,形成更大范围、更宽领域、更深层次的对外开放格局。新时代十年,我们推动的改革是全方位、深层次、根本性的,取得的成就是历史性、革命性、开创性的。改革开放的全面深化,为高质量发展注入了持续动力。

六是坚持统筹发展和安全。这是推动高质量发展的基本要求,高质量发展是安全可持续的发展。随着我国社会主要矛盾变化和国际力量对比深刻调整,我国发展面临的内外部风险空前上升。党的十八大以来,以习近平同志为核心的党中央着眼国家长治久安、中华民族永续发展,坚持底线思维、系统思维,贯彻总体国家安全观,把维护经济、社会、生态安全同推动高质量发展有机结合起来,有效维护重要领域安全,提升经济社会发展的抗风险能力。习近平总书记高度重视发展安全问题,亲自主持中央财经领导小组会议，先后研究了粮食安全战略、水安全战略、能源安全战略和森林生态安全问题。中央财经委员会会议先后研究了防范化解重大金融风险、提高自然灾害防治能力、实现碳达峰碳中和、全面加强基础设施建设等问题。这些重要会议提出的重大安全战略和行动，健全了我国经济和生态安全体系，为统筹发展和安全、实现经济行稳致远和社会民生安定提供了重要保障。

四、深刻把握推动高质量发展的基本要求

习近平总书记指出，加快构建新发展格局是推动高质量发展的战略基点。从构建新发展格局来看，当前影响我国推动高质量发展的因素主要有两个方面：一方面，国内大循环动力不强、可靠性不高，区域、城乡、产业、市场都存在堵点、断点；另一方面，国际循环的质量和水平还有待提高，外部环境不确定性因素增多，产业链供应链"断链"风险正在加大，对经济发展形成重大挑战。基于这种情况，当前和今后一个时期，推动高质量发展，需要着力把握好以下五个方面的要求。

一是把实施扩大内需战略同深化供给侧结构性改革有机结合起来。经济发展是一个供给创造需求、需求引领供给不断循环进步的过程。有效解决供求失衡问题是实现我国经济高质量发展的关键所在。面对 1998 年亚洲金融危机、2008 年国际金融危机和 2020 年以来的新冠疫情严重冲击，我国坚持实施扩大内需战略，不仅实现了自身经济稳定和转型发展，而且为世界经济再平衡和稳定增长作

出了巨大贡献。同时，党的十八大以来，我国经济发展进入新常态，面临"三期叠加"的复杂局面，经济运行的主要矛盾从总需求不足转变为供给结构不适应需求结构变化，矛盾的主要方面转到供给侧。2015年以来，中央明确提出深化供给侧结构性改革，实现了我国供给体系质量和效率的明显提升，发展新动能加快成长，经济发展质量不断提高。

当前，我国供需循环不畅问题比较突出。首先是供给侧存在堵点。供给结构不能适应需求结构变化，一些领域对外依赖度高，短期难以有外部替代来源，可能存在断供断链风险；一些领域有需求而又无法提供有效供给。在要素市场，数据、碳排放权等新生产要素的相关制度还很不完善。比如，数据跨境流动、数据产权交易、用户隐私保护等诸多体制性、机制性障碍仍有待破题。其次是需求侧也存在障碍。受社会保障制度不健全等因素影响，居民消费意愿偏低，储蓄倾向偏高；而住房、汽车等大宗消费还受到限购、限贷、限行、限牌照等政策限制，本来需要满足的消费需求得不到有效释放；农业转移人口市民化滞后，也极大限制了农民工的消费需求。最后是供需对接不畅。全国统一大市场建设仍有短板，地方保护主义等阻碍公平竞争的问题仍不同程度存在，行政垄断现象和不正当竞争行为时有发生。一些商品和服务市场准入壁垒较多，存在不同程度的"玻璃门""弹簧门"问题。总体来看，我国一些领域风险因素上升，人口老龄化加速，劳动力、土地等传统优势弱化，资源环境约束收紧，亟待从供需两端发力，既扩大有效需求，又推动生产领域变革调整，塑造新的竞争优势。这就需要我们统筹谋划扩大内需和优化供给，充分发挥超大规模市场优势，提升供给体系对国内需求适配性，打通经济循环卡点、堵点。把实施扩大内需战略同深化供给侧结构性改革有机结合起来，就是要把两者统一到高质量发展的要求上来，推动有效需求和有效供给良性互动与高水平动态平衡。

二是增强国内大循环内生动力和可靠性。构建新发展格局，推动高质量发展，国内大循环要发挥主体作用。

首先要增强内生动力。当前，逆全球化思潮抬头，单边主义、保护主义明显上升，以强大国内市场对冲和化解外部冲击与外需下降带来的影响具有现实紧迫性。同时，我国已经形成拥有14亿多人口、4亿多中等收入群体的全球最有潜力市场，增强国内大循环内生动力既有现实需要，也有现实可能。因此，要提升供给能力，以强大有效的供给能力穿透循环堵点，不断提高供给质量和水平。要激活需求潜力，深化消费和投资领域改革，不断增强消费对经济发展的基础性作用和投资对优化供给结构的关键作用，增强国内大循环的巨大需求牵引力。

但是值得重视的是，我国微观主体发展动力和活力仍不足。企业是推动高质量发展的主体，只有市场微观主体活力足，高质量发展才能动力强。受国内国际环境和体制机制约束影响，市场微观主体活力不足的问题仍很突出。一方面，国有企业改革还不到位，企业内部考核与高质量发展不相适应，鼓励创新的机制还不健全。做大的动力足，而做强做优的活力还不够。另一方面，优质民营企业数量不多。尽管已经有华为等优秀民营企业，但这样搞创新、搞实业的大型民营企业数量还很有限,特别是具有国际竞争力的民营企业屈指可数。另外,企业创新能力弱,主体地位还不突出,基础研究和应用研究主要在高校和科研院所,企业创新活动层次相对较低,高端科技人才也主要集中在高校和科研院所。据统计,博士、硕士研发人员到企业就职的比重分别仅为7%和33%,企业基础技术创新动力明显不足。

其次要增强国内大循环的可靠性。经过几十年的发展,中国拥有了全球最完整、规模最大的工业体系和完善的配套能力,具备较强的技术创新能力和强大的生产能力。但同时要看到,确保国内循环畅通还有明显短板和弱项,主要是产业基础能力较弱,关键核心技术"卡脖子"问题突出,存在"断链"风险,石油、天然气、铁矿石等能源矿产资源对外依存度高等。特别是来自外部的打压遏制随时可能升级,"脱钩""断链"风险加剧,这些短板会更显其短,弱项会更显脆弱。要树立底线思维、强化极限思维,切实增强国内大循环的可靠性,确保在极端情况下我国经济发展能够正常运行。

三是提升国际循环的质量和水平。构建新发展格局并不是封闭的内循环,而是开放的、相互促进的国内国际双循环。高质量发展也离不开国际循环的促进,不仅安全可靠的能源资源需要国际循环来保障,而且高水平、高质量的技术、人才等生产要素也需要通过国际循环来保障和提高,更为重要的是要在国际循环竞争中锻造高质量的市场主体,在开放合作中实现经济质量的提升。我国过去经济发展是在开放条件下取得的,未来经济发展也必须在更加开放的条件下进行。近年来,在百年变局和世纪疫情交织影响下,全球产业分工体系正在发生广泛深刻调整，产业链供应链区域化、本土化、短链化趋势明显，我国推进贸易和投资对外合作面临不少挑战。为此，我们必须坚持对外开放的基本国策，以更大的开放力度应对外部的挑战。通过更大力度的开放，强化国内市场的消费能力，并将其转化为对全球商品和要素资源的强大吸引力，提升对外整合产业链供应链的能力。以高水平对外开放打造国际合作和竞争新优势，吸引全球资金、技术、人才等优质要素和产品，打破外部对我国的围堵打压。当前，新一轮科技革命和产业变革深入发展，各国经济深度融合，各国相互联系和彼此依存比过去任何时候都更频繁、更紧密。要通过更大力度的开放，构建更为紧密的利益捆绑，形成你中有我、我中有你的利益共同体，推动构建开放型世界经济。与此同时，要更好地统筹发展和安全，完善外资审查制度，构建海外利益保护和投资风险预警防控体系，健全与开放相适应的风险防范体系。

四是紧紧围绕"三个着力"。也就是着力提高全要素生产率，着力提升产业链供应链韧性和安全水平，着力推进城乡融合和区域协调发展。首先，提高全要素生产率是实现高质量发展的关键。全要素生产率是要素投入转化为产出的总体效率，决定着经济内涵型发展程度和潜在增长率高低，本质是技术、人才等要素质量和资源配置效率。推动高质量发展必须发挥科技作为第一生产力的作用，这些年我们在科技创新方面投入很大，但科技对经济发展的支撑作用仍然受到各方面因素制约。随着外部发展环境日趋复杂，我国关键核心技术创新能力不强，许多基础零部件、关键基础材料、先进基础工艺严重依赖发达国家的问题更加充分地暴露出来，实现科技自立自强越来越紧迫。有关数据显示，目前我国科技成果转化率不到30%，而发达国家的科技成果转化率一般在60%—70%。一些科研事业单位改革相对滞后，科研人员难以分享科技创新成果，人才激励机制不足，创新活力和动力都不够。实现高质量发展必须坚持科技是第一生产力、人才是第一资源、创新是第一动力，坚持教育优先发展、科技自立自强、人才引领驱动，加快建设教育强国、科技强国、人才强国。其次，提升产业链供应链韧性和安全水平是实现高质量发展的重要保障。习近平总书记强调，产业链供应链在关键时刻不能"掉链子"，这是大国经济必须具备的重要特征。我国制造业虽然规模大，但产业链供应链也存在着风险隐患，产业基础投入严重不足，产业链整体上处于中低端水平。面对"脱钩""断链"风险，要把增强产业链韧性和安全放在更加重要的位置，着力打造自主可控、安全可靠的产业链供应链。在关系国计民生和国民经济命脉的重点产业领域，要形成完整而有韧性的产业链供应链。在关系国家安全的领域和节点构建自主可控、安全可靠的国内生产供应体系，确保在极端情况下经济正常运转。最后，推进城乡融合和区域协调发展是实现高质量发展的重要着力点。高质量发展必然伴随着城乡区域结构的深刻调整和国土空间格局的巨大变化，这是释放巨大需求、创造巨大供给的重要途径。这些年，我们在脱贫攻坚和乡村振兴方面投入很大，农村基础设施不断加强，公共服务水平持续改善，农村生活越来越便捷，但城乡差距依然比较明显。从收入来看，城乡居民人均可支配收入之比虽然下降，但绝对差距在近几年有扩大的趋势，2022年达到了29 150元，比2021年增长2.3%。如果考虑到城镇居民的住房、医疗、社会保障等方面，差距可能还要更大。从消费来看，我国城镇和农村居民人均消费水平差距仍然较大，2022年二者绝对差距为13 759元。从公共服务能力看，城市与农村的差距更为明显。从区域来看，东中西部发展差异仍然较大，东北地区发展活力不足，与东部等地区的差距有所扩大。为此，要坚持农业农村优先发展，坚持城乡融合发展，畅通城乡要素流动；要顺应经济发展客观规律，促进各类要素向优势地区集聚。

五是落实"一个目标"。也就是推动经济实现质的有效提升和量的合理增长。经济发展是质和量的有机统一，质的提升为量的增长提供持续动力，量的增长为质的提升提供重要基础，二者相辅相成。多年来我国经济持续高速增长，提高经济效益和优化经济结构方面均取得了显著成效，但在实践中，也曾出现忽视经济发展的质量结构效益，片面追求经济增长速度，甚至单纯以国内生产总值论英雄的偏向。新时代的发展必须是高质量发展，低水平重复建设和单纯数量扩张没有出路，只有以质取胜、不断塑造新的竞争优势，才能支撑长期持续健康发展。但必须看到，我国虽然已经是世界第二大经济体，但与发达国家相比，总体发展水平仍有差距。从人均指标看，我国总量大、人口多、人均低。比如，我国人均GDP还不到1.3万美元，仅相当于哥斯达黎加、马来西亚等国家的水平，即便是北京、上海、深圳等经济最发达的地区，人均GDP也不到3万美元，仅相当于斯洛文尼亚、捷克等国家的水平；而美国人均

GDP达7万美元,德国为5.1万美元,英国为4.5万美元。从居民生活水平看,老百姓的生活品质与发达国家也有较大差距。比如,我国居民恩格尔系数是美国的3.6倍;我国人均住房面积约41.76平方米(其中城镇居民人均住房面积仅36.5平方米),而美国人均住房面积为67平方米,英国为49.4平方米,德国为44.6平方米;我国千人汽车保有量为209辆,而美国为837辆,德国为589辆,日本为591辆。此外,我国虽然建成了世界上规模最大的教育体系,高等教育毛入学率从2012年的30%提高到2022年的59.6%,但与发达国家相比还存在比较明显的差距,美国高等教育的毛入学率为87%。从基础设施看,部分领域与美国等发达国家还有较大差距,比如,我国铁路总里程14.6万千米,而美国为22.8万千米;美国机场数量是我们的22倍,航空运输量是我们的1.4倍,轨道交通运营里程是我们的3.6倍。所以,在持续实现经济质的有效提升的同时,也要持续实现经济量的合理增长,不断做大做强中国经济,巩固壮大现代化的物质技术基础。

五、全面落实推动高质量发展的重点任务

未来五年是全面建设社会主义现代化国家开局起步的关键时期。根据党的二十大部署,构建新发展格局、推动高质量发展,要落实好以下几个方面的重点任务。

一是构建高水平社会主义市场经济体制。这是推动高质量发展的体制保障。党的二十大报告强调,坚持社会主义市场经济改革方

向,坚持和完善社会主义基本经济制度,坚持"两个毫不动摇",充分发挥市场在资源配置中的决定性作用,更好发挥政府作用。下一步,要从微观基础、市场体系、宏观调控、财税金融、风险防范等方面,系统推动构建高水平社会主义市场经济体制。在微观基础方面,要深化国资国企改革,提升企业核心竞争力;优化民营企业发展环境,促进民营经济发展壮大。二十届中央全面深化改革委员会第一次会议审议通过了《关于加强和改进国有经济管理有力支持中国式现代化建设的意见》《关于促进民营经济发展壮大的意见》,对加强和改进国有经济管理、促进民营经济发展壮大提出了具体要求。在市场体系方面,要构建全国统一大市场,深化要素市场化改革,建设高标准市场体系,完善市场经济基础制度。在宏观调控方面,要加强财政政策和货币政策协调配合,着力扩大内需。在财税金融方面,要健全现代预算制度,深化金融体制改革。在风险防范方面,要加强和完善现代金融监管,依法将各类金融活动全部纳入监管,守住不发生系统性风险的底线。

二是建设现代化产业体系。这是高质量发展的主要任务。现代化产业体系既是现代化国家的重要标志,也是大国竞争的主战场和最关键的"胜负手"。只有加快建设现代化产业体系,打造完整而有韧性的产业链供应链,才能把产业安全、经济安全、国家安全牢牢掌握在自己手中。党的二十大报告强调,坚持把发展经济的着力点放在实体经济上,推进新型工业化,加快建设制造强国、质量强国、航天强国、交通强国、网络强国、数字中国。下一步,要从三个方面加快推动制造业发展:第一,实施产业基础再造工程和重大技术装备攻关工程，支持专精特新企业发展，推动制造业高端化、智能化、绿色化发展。第二，巩固优势产业领先地位，在关系安全发展的领域加快补齐短板，提升战略性资源供应保障能力。第三，推动战略性新兴产业融合集群发展。融合化、集群化是产业发展的新模式，要在新一代信息技术、人工智能、生物技术、新能源、新材料、高端装备、绿色环保等领域构建一批新的增长引擎。

数字化是新的时代特征，数字经济正在成为新一轮国际竞争的重要领域，我国超大规模市场带来的海量用户和丰富应用场景，为数字经济发展提供了极为有利的条件；全球规模最大、性能先进的网络基础设施体系，为数字经济发展提供了坚实物质基础；产业升级、消费升级对数字经济发展产生巨大需求，我国有条件、有能力把握以数字技术为核心的新一代科技和产业变革历史机遇，形成引领未来发展的新优势。党的二十大报告特别强调加快发展数字经济，要求促进数字经济和实体经济深度融合，打造具有国际竞争力的数字产业集群。下一步，要利用互联网新技术应用对传统产业进行全方位、全角度、全链条的改造，加速推动制造业、农业、服务业数字化、网络化、智能化转型；发挥我国市场、规模、人力资源和金融体系优势，支持数字企业发展壮大，促进平台经济规范健康发展。这次机构改革决定成立国家数据局，就体现了中央对数字经济发展的高度重视。

此外，二十届中央财经委员会第一次会议对加快建设现代化产业体系提出了更加具体的要求和部署。下一步，要坚持系统观念，统筹建设现代化的工业、农业、服务业和基础设施。要坚持以实体经济为重，防止脱实向虚；坚持稳中求进、循序渐进，不能贪大求洋；坚持三次产业融合发展，避免割裂对立；坚持推动传统产业转型升级，不能将其当成"低端产业"简单退出；坚持开放合作，不能闭门造车。要完善新发展阶段的产业政策，形成"产业—科技—金融—教育—人才"高效联动局面；从制度上落实企业科技创新主体地位，以高水平科技自立自强支撑现代化产业体系建设；大力建设世界一流企业，打造优秀企业家和高素质人才队伍。

三是全面推进乡村振兴。这是高质量发展的坚实基础。党的二十大报告提出了"加快建设农业强国"和"建设宜居宜业和美乡村"的任务，其中，建设农业强国是首次提出。在两会期间，习近平总书记强调，农业强国是社会主义现代化强国的根基，推进农业现代化是实现高质量发展的必然要求。我国是农业大国，不是农业强国，要建设农业强国，推进农业现代化，必须提高农业科技自立自强水平，加快农业设施和装备升级，推动农业发展由依靠传统要素驱动向注重科技创新和提高劳动者素质转变，提升农业的国际竞争力。要全面落实粮食安全党政同责，牢牢守住18亿亩耕地红线，逐步把永久基本农田全部建成高标准农田，深入实施种业振兴行动，健全种粮农民收益保障机制和主产区利益补偿机制，切实保障粮食和重要农产品稳定安全供给。要把产业振兴作为乡村振兴的重中之重，积极延伸和拓展农业产业链，发展乡村特色产业，不断拓宽农民增收致富渠道。要深化农村土地制度改革，发展新型农业经营主体和社会化服务，发展农业适度规模经营，完善农业支持保护制度，健全农村金融服务体系。

四是促进区域协调发展。这是高质量发展的广阔空间。党的二十大报告强调，深入实施区域协调发展战略、区域重大战略、主体功能区战略，优化重大生产力布局，构建优势互补、高质量发展的区域经济布局和国土空间体系。这是构建新发展格局、坚持全国一盘棋、发挥各地区比较优势、加快构建高质量发展的动力系统的重要战略安排。下一步，要落实好区域重大战略，推进京津冀协同发展、长江经济带发展、粤港澳大湾区建设、长三角一体化发展，推动黄河流域生态保护和高质量发展，高标准、高质量建设雄安新区，推动成渝地区双城经济圈建设。加快推进以人为核心的新型城镇化，加快农业转移人口市民化，以城市群、都市圈为依托构建大中小城市协调发展格局，推进以县城为重要载体的城镇化建设，加快转变特大、超大城市发展方式，实施城市更新行动，加强城市基础设施建设，打造宜居、韧性、智慧城市。

五是推动绿色发展。这是高质量发展的重要方向。党的二十大报告强调，要站在人与自然和谐共生的高度谋划发展，要求统筹产业结构调整、污染治理、生态保护、应对气候变化，协同推进降碳、减污、扩绿、增长，推进生态优先、节约集约、绿色低碳发展。下一步，要加快发展方式绿色转型，加快推动产业结构、能源结构、交通运输结构等调整优化。加快构建废弃物循环利用体系，发展绿色低碳产业，倡导绿色消费，完善支持绿色发展的财税、金融、投资、价格政策和标准体系，健全资源环境要素市场化配置体系，加快节能降碳先进技术研发和推广应用。实现碳达峰碳中和是一场广泛而深刻的经济社会系统性变革，要立足我国能源资源禀赋，坚持先立后破，有计划、分步骤实施碳达峰行动。推动能源清洁低碳高效利用，推进工业、建筑、交通等领域清洁低碳转型。加强煤炭清洁高效利用，加大油气资源勘探开发和增储上产力度，加快规划建设新型能源体系，加强能源产供储销体系建设，确保能源安全。

六是加快实施创新驱动发展战略。这是高质量发展的重要支撑。习近平总书记指出，加快实现高水平科技自立自强，是推动高质量发展的必由之路。党的二十大报告强调，要深入实施科教兴国战略、人才强国战略、创新驱动发展战略，开辟发展新领域新赛道，不断塑造发展新动能新优势。教育方面，要全面提高人才自主培养质量，着力造就拔尖创新人才，加快建设高质量教育体系。科技方面，要健全新型举国体制。新型举国体制，是社会主义市场经济条件下的关键核心技术攻关体制，除强调发挥我国集中力量办大事的优势、强化党的领导外，更加强调充分发挥市场机制作用，不仅要通过政府之手集中调动资源，还要通过市场之手发挥效率优势，把科研院所、高校、骨干企业等各方面的积极性都充分激发出来，打通从基础研发到市场化应用的各个环节，形成良好的创新生态。要加强企业主导的产学研深度融合，提高科技成果转化和产业化水平。要强化企业科技创新主体地位，强化企业作为出题人、主答题人和阅卷人的地位，推动更多任务由企业提出、企业成为研发主体。要发挥科技型骨干企业引领支撑作用，营造有利于科技型中小企业成长的良好环境，推动创新链、产业链、资金链、人才链深度融合。人才方面，要实施更加积极、更加开放、更加有效的人才政策，着力形成人才国际竞争的比较优势，加快建设国家战略人才力量。人才是衡量一个国家综合国力的重要指标，综合国力竞争说到底是人才竞争。历史证明，谁拥有了一流创新人才、拥有了一流科学家，谁就能在国际竞争中占据优势。新时代新征程，我们比历史上任何时候都更加接近实现中华民族伟大复兴的宏伟目标，也比历史上任何时期都更加渴求人才。战略人才是支撑我国高水平科技自立自强的重要力量。要努力培养造就更多大师、战略科学家、一流科技领军人才和创新团队、青年科技人才、卓越工程师、大国工匠、高技能人才。

七是推进高水平对外开放。这是高质量发展的重要推动力。党的二十大报告强调，依托我国超大规模市场优势，以国内大循环吸引全球资源要素，增强国内国际两个市场两种资源联动效应，提升贸易投资合作质量和水平，特别是要稳步扩大规则、规制、管理、标准等制度型开放。在对外贸易方面，要推动货物贸易优化升级，创新服务贸易发展机制，发展数字贸易，加快建设贸易强国。在吸引外资方面，要合理缩减外资准入负面清单，依法保护外商投资权益，营造市场化、法治化、国际化一流营商环境。在对外投资方面，要推动共建"一带一路"高质量发展。在区域开放方面，要优化区域开放布局，巩固东部沿海地区开放先导地位，提高中西部和东北地区开放水平，加快建设西部陆海新通道。在开放平台方面，要加快建设海南自由贸易港，实施自由贸易试验区提升战略，扩大面向全球的高标准自由贸易区网络。此外，要深度参与全球产业分工和合作，维护多元稳定的国际经济格局和经贸关系。

八是提高人民生活品质。这是高质量发展的根本目的。习近平总书记指出，人民幸福安康是推动高质量发展的最终目的。党的二十大报告强调，坚持在发展中保障和改善民生，尽力而为、量力而行，采取更多惠民生、暖民心举措，着力解决好人民群众急难愁盼问题。下一步，要着力做好分配、就业、社保、健康等方面工作。在分配方面，要完善分配制度，坚持多劳多得，鼓励勤劳致富，促进机会公平，增加低收入者收入，扩大中等收入群体，探索多渠道增加中低收入群体要素收入，多渠道增加城镇居民财产性收入。在就业方面，要实施就业优先战略，健全就业促进机制，促进高质量充分就业，加强灵活就业和新就业形态劳动者权益保护。在社保方面，要发展多层次、多支柱养老保险体系，完善大病保险和医疗救助制度，建立长期护理保险制度，健全分层分类的社会救助体系。在健康方面，要把保障人民健康放在优先发展的战略位置，建立生育支持政策体系，实施积极应对人口老龄化国家战略。

二十届中央财经委员会第一次会议专门研究了以人口高质量发展支撑中国式现代化问题。针对当前我国人口发展呈现少子化、老龄化、区域人口增减分化的趋势性特征，下一步，要完善新时代人口发展战略，以改革创新推动人口高质量发展，把人口高质量发展同人民高品质生活紧密结合起来，促进人的全面发展和全体人民共同富裕。要深化教育卫生事业改革创新，大力发展普惠托育服务体系，显著减轻家庭生育、养育、教育负担，推进基本养老服务体系建设，大力发展银发经济，加快发展多层次、多支柱养老保险体系，努力实现老有所养、老有所为、老有所乐。

最后，推动高质量发展，必须坚持和加强党的全面领导，坚定不移全面从严治党。要深入开展学习贯彻习近平新时代中国特色社会主义思想主题教育，深刻领悟"两个确立"的决定性意义，增强"四个意识"，坚定"四个自信"，做到"两个维护"；牢记空谈误国、实干兴邦，不断提高推动高质量发展的能力和水平；按照党的二十大要求，贯彻新发展理念，构建新发展格局，推动高质量发展，为全面建设社会主义现代化国家作出新的贡献。

中国经济 50 人论坛丛书
Chinese Economists 50 Forum

第十章　牢牢把握高质量发展这个首要任务[①]

王昌林[②]

---

① 本文根据 2023 年 11 月 2 日长安讲坛第 408 期内容整理而成。
② 王昌林，论坛特邀专家，中国社会科学院副院长、党组成员。

一、高质量发展是全面建设社会主义现代化国家的首要任务

（一）中国式现代化与西方现代化的不同之处

习近平总书记强调，中国式现代化，是中国共产党领导的社会主义现代化，既有各国现代化的共同特征，更有基于自己国情的中国特色。党的二十大报告明确概括了中国式现代化的五个特征。第一，中国式现代化是人口规模巨大的现代化。目前全世界约10亿人口实现了现代化，2035年我国14亿多人口整体迈进现代化，规模将超过现有发达国家人口总和。第二，中国式现代化是全体人民共同富裕的现代化。这是针对西方在现代化过程中出现的贫富差距问题而提出的。我认为，共同富裕可由"135"指标来衡量。"1"指的是中等收入群体比重较高，"3"指的是收入分配差距、城乡发

展差距、地区发展差距等"三大差距"较小,"5"指的是最低工资标准、社会保障水平、基本公共服务水平、社会文明程度以及生态环境质量较高。第三,中国式现代化是物质文明和精神文明相协调的现代化。物质富足、精神富足是社会主义现代化的根本要求,这与西方国家的现代化有本质不同。第四,中国式现代化是人与自然和谐共生的现代化。我们要锚定2035年美丽中国目标基本实现,坚定不移走生产发展、生活富裕、生态良好的文明发展道路,实现中华民族永续发展。第五,中国式现代化是走和平发展道路的现代化。中国不走一些国家通过战争、殖民、掠夺等方式实现现代化的老路,而是在坚定维护世界和平与发展中谋求自身发展。

(二)现代化的共同之处——生产力高度发达

从历史角度来看,生产力的革命性发展是推动传统社会向现代化社会转型的关键因素,也是最根本、最深层次的决定性因素。很多国家的现代化实际上都是在两次工业革命和科技革命中完成的,在这几次现代化浪潮中,西欧、北美、日本等经济体抓住机遇,相继实现了现代化转型,成为发达国家。

第一次工业革命主要发生于英国,从18世纪60年代开始持续至19世纪中期。英国也是在这个过程当中成为"日不落帝国"。英国学者李约瑟曾提出问题:"尽管中国古代对人类科技发展作出了很多重要贡献,但为什么科学和工业革命没有在近代的中国发生?"其主要原因是封建社会制度,其次是科举制度重文学、轻商业与自然科学。因此,英国在1760年左右出现工业革命的萌芽,而中国逐渐落伍，1840年鸦片战争后逐渐沦为半殖民地半封建社会。英国抓住工业革命的机遇，其工业产值在1870年占到了全球的31.8%，同时间的美国是23.3%。直到1913年，美国抓住第二次工业革命机遇成了世界强国，其工业产值占全球比重上升至35.8%。

第二次工业革命的策源地是美国和德国。19世纪下半叶至20世纪初，兴起了一场以电机、内燃机的发明和应用为核心的新工业革命。第二次工业革命是重大科学突破推动技术革命，进而引发产业革命的技术突破。这次工业革命催生了电力、石油、汽车、化工等行业，使人类进入电气化时代。当时的中国没有抓住第二次工业革命机遇，GDP占世界比重不断下降，从1820年的32.9%下降至1870年的17.2%，再到1913年的8.9%；而美国GDP在1900年左右已是世界第一，占世界比重在1913年达到19.1%。英国也错失第二次工业革命的发展契机，主要原因是英国作为老牌资本主义国家，拥有全球最广阔的殖民地，资本家把大量资本投往国外，不愿用于更新设备和采用新技术，造成生产率低下。而美国、德国为加速经济发展，加强研发，积极采用新技术、新设备，迅速赶上和超过了英国。以美国为例，其通过南北战争解放了劳动力和市场，完成了资产阶级民主革命，加速进入全面工业化。数百万带有变革本能、创新和冒险精神的移民，为第二次工业革命在美国的兴起提供了强大的动力。此外，美国实施"韬光养晦"策略，通过"孤立主义""门罗主义"政策获得生存空间，实际上其GDP早于19世纪末就超过了英国。

第三次工业革命，即信息技术革命。一般情况下，科技革命

50—70年是一个长周期，10年是一个中周期，5年是一个创新浪潮。例如，计算机领域从20世纪70年代开始蓬勃发展，先是集成电路（IP），80年代是个人计算机（PC），90年代末期是互联网，到2010年是消费互联网时代。又如，生物技术从2001年开始崭露头角，预计在21世纪20年代末迎来新的生物科技时代。此外，一个长周期的结束并不代表该领域发展的结束。例如，信息技术时代尚未结束，现在的人工智能大模型ChatGPT就是一个创新浪潮。一个国家想要发展生产力，就必须抓住科技革命的机遇。

新中国成立以来，特别是改革开放以来，我国的经济实力和国际影响力都大幅提升。然而，我国仍处于社会主义初级阶段的基本国情没有变。我国2022年人均GDP为12 741美元，与美国人均GDP的7万美元差距较大，与发达国家人均5万美元的水平也有较大差距。因此，我们必须把发展作为第一要务，以经济建设为中心，促进高质量发展。现代化是发展的深刻转型，也是体制机制的深刻转型。制度创新是生产力发展的保障，良好的体制机制将为生产力的发展开辟新空间。回顾中国改革开放的历史，改革开放首先是思想解放。20世纪80年代初，家庭联产承包责任制将农村劳动力解放出来，乡村企业异军突起，这便是解放思想和体制创新。科学革命、技术革命、产业革命都是以思想解放、体制变革为先导。当前，我国进入高质量发展阶段，从要素驱动转向创新驱动，因此，亟须建立与之相适应的新体制。

中国式现代化当然也离不开教育的支撑。义务教育在我国经济起飞阶段发挥了基础作用，中等教育在我国经济成熟阶段提供了稳定的人力资源,而高等教育将在我国创新驱动阶段成为引领性力量。从20世纪80年代起,我国进入经济起飞阶段,发挥主要作用的是人口红利,大量农民工背井离乡、建设城市,从而推动了我国工业化发展。未来,人口红利弱化,因此,中央在党的二十大报告中把"三位一体"的高质量发展作为主要任务,即教育强国、科技强国和人才强国。

总之,要适应发展阶段转变的要求,深化改革开放、深入转变发展方式,以效率变革、动力变革促进质量变革,加快形成可持续的高质量发展体制机制,最大限度激发内生动能,实现经济由高速增长向高质量发展转换。

二、把握高质量发展的科学内涵和基本要求

2017年12月,中央经济工作会议第一次提出习近平新时代中国特色社会主义经济思想,"高质量发展"是其中的重要内容。为什么要提出"高质量发展"?在经济学中,有资源驱动、要素驱动、创新驱动和财富驱动等概念。1978—2010年,我国GDP平均增速为10%左右,这段时期的经济发展主要是资源和要素驱动。此后,我国经济进入"三期叠加"时期,GDP潜在增长率下降,原先依靠资源要素投入来推动经济增长的发展模式不可持续。因此,习近平总书记提出"高质量发展",涵盖了从资源要素驱动转向创新驱动的要求。与发展经济学的主流观点相比,"高质量发展"的内涵更为丰富,它不仅包括了经济增长,还包括了创新驱动、社会发展等内容。

(一)高质量发展的科学内涵

从理念看,高质量发展是完整、准确、全面贯彻新发展理念的发展。新发展理念包含五大发展:创新、协调、绿色、开放、共享。创新发展主要解决动力问题,协调发展解决不平衡问题,绿色发展实现人与自然和谐共生,开放发展解决内外联动问题,共享发展解决社会公平正义问题。

从过程看,高质量发展是实现"质"的有效提升和"量"的合理增长,是辩证统一的发展。"质"通常是指经济发展的结构、效益,"量"通常指经济发展的规模和速度。从一定意义上讲,高质量发展等于质量系数乘以速度。物理学的动能公式是 $E_k = \frac{1}{2}mv^2$,m 是物体质量,v 是速度,速度需要有个基础值,这样一来,质量的系数值越大,动能才越大。为此,要努力保持经济增速在潜在增长率水平以上。那么,为什么要高质量发展?一方面是因为我们的人口、资本及资源环境等方面已不具备高速发展的条件,另一方面是因为我们的社会主要矛盾发生了变化。就如同在高速路上开车,如果在转弯时还保持高速,一定是很危险的。我们这时候要解决的主要问题是不平衡和不充分的问题,所以速度要慢下来。很显然,这是一个质和量的辩证关系问题,如果没有质的有效提升,量的合理增长将不可持续;如果没有量的合理增长,经济结构优化、产业转型升级、区域协调发展、民生福祉改善都将是无本之木。

从结果看,高质量发展主要是居民有就业、职工有收入、企业有利润、政府有税收的发展。经济发展的根本目的是提高人民生活水平、增进民生福祉,核心是实现高质量就业,不断提升人民生活品质。同时，企业也要实现合理的利润回报，只有这样，企业才有扩大投资和发展的动力，才能不断给社会创造新的就业岗位。此外，政府税收也要保持合理增长，才能不断提高社会公共服务水平，加大保障国家安全的投入，满足人民日益增长的美好生活需要，不断增加人民群众的获得感、幸福感、安全感。

（二）高质量发展的基本要求

现代经济研究建立在定量研究之上，高质量发展也不例外。高质量发展的核心评价指标需考虑到三个"结合"，即坚持科学性和实用性相结合，坚持阶段性与过程性相结合，坚持一致性与差别性相结合。表10-1列出了一些重要的评价指标。其中，人均GDP是反映我们物质生活水平的一个根本性指标；全员劳动生产率，即劳动效率，与劳动者收入成正比，是高质量发展的核心驱动力；研发投入比重反映创新能力；常住人口城镇化率、城镇调查失业率、居民人均可支配收入、单位GDP能耗、地表水质量、人均货物和服务贸易总额、粮食产量稳定度等，均是高质量发展的重要指标。其中，政府负债率是一个逆向指标，因为通过债务扩张推动的经济发展往往质量不佳。

表10-1 高质量发展重要评价指标

指标名称	指标性质
人均GDP	正向
全员劳动生产率	正向
研发投入比重	正向
常住人口城镇化率	正向

续表

指标名称	指标性质
城镇调查失业率	逆向
居民人均可支配收入	正向
单位 GDP 能耗	逆向
地表水质量	正向
人均货物和服务贸易总额	正向
粮食产量稳定度	正向
能源综合生产能力	正向
政府负债率	逆向

结合我国现状来看。第一，2022 年我国人均 GDP 为 8.569 8 万元，即 1.275 万美元，各省区之间有一定差距。第二，2021 年我国全员劳动生产率为 146 380 元/人，与美国相比仍有差距。第三，2021 年全国研发投入占 GDP 比重为 2.44%，各地区差异较大，例如北京为 6.4%，远超平均水平。第四，2022 年全国常住人口城镇化率为 65.22%。第五，2022 年全国居民人均可支配收入为 3.688 33 万元，约占人均 GDP 的 43%，而发达国家这一比例为 55%—60%。我国中等收入群体的家庭年收入约 10 万—50 万元，10 万元对于三口之家来说并不充裕。第六，2022 年全国政府部门杠杆率平均为 51.5%，其中青海高达 84.33%，而这仅是显性债务。我国宏观杠杆率为 285%，即 350 万亿元的负债。

三、推动高质量发展取得的历史性伟大成就和经验

党的十八大以来，以习近平同志为核心的党中央团结带领全党

全国人民立足新发展阶段,贯彻新发展理念,构建新发展格局,推动高质量发展取得历史性伟大成就。

(一)经济实力实现大幅跃升

2013年以来,我国经济实现了年均6.2%的中高速增长,经济增速位居世界主要经济体前列,对世界经济增长的贡献率超过30%。我国GDP占世界的总量从1820年的30%以上,历经低谷后,又在2022年达到18%左右(见图10-1),这表明我们中华民族正在实现伟大复兴。而且现在18%的占比与1820年时高占比的含金量是不一样的,因为那时的中国还是农业大国,可以说是"虚胖"。可以明显看到,进入新时代,我国的经济总量持续增长。就疫情三年的经济增速而言,中国也是遥遥领先,年均增速4.4%(见表10-2),远高于世界平均增速,也高于一些发达经济体的增速。而且,中国的物价总体上也保持在一个稳定水平。

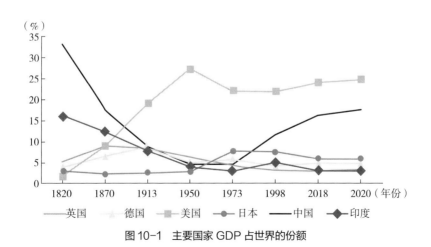

图10-1 主要国家GDP占世界的份额

表10-2　2019—2022年世界主要经济体GDP增速（单位：%）

国家	2019年	2020年	2021年	2022年	2020—2022年平均
美国	2.2	−3.6	5.7	2.2	1.4
中国	6.0	2.2	8.1	3.0	4.4
日本	0.6	−4.6	2.0	1.7	−0.4
德国	0.6	−4.6	2.7	1.5	0.1
英国	1.7	−9.7	7.2	3.6	0.3
法国	1.8	−7.9	7.0	2.5	0.3
韩国	2.2	−0.9	4.0	2.6	2.0
印度	4.0	−7.3	9.0	6.8	2.7
越南	7.4	2.9	2.6	8.0	4.5

（二）创新型国家建设成果丰硕

我国全社会研发投入与国内生产总值之比由2012年的1.91%提高至2022年的2.55%，超过OECD国家2.3%的平均水平。我国论文数量占全球的22.8%，高于美国；我国获国际专利授权数占全球的比重为49%，但是产业化知识成果产业化率并不高，未来还需提高成果质量。同时，我国科技实力正在从量的积累迈向质的飞跃，从点的突破迈向系统能力提升，全球创新指数排名（GII）由2012年的第34位上升至2022年的第11位（见图10-2）。在信息通信、生命科学、航空航天、核电、深海深空深地等领域取得一批重大原创成果。战略性新兴产业不断发展壮大，数字经济、光伏、新能源汽车等领域跻身世界领先水平。

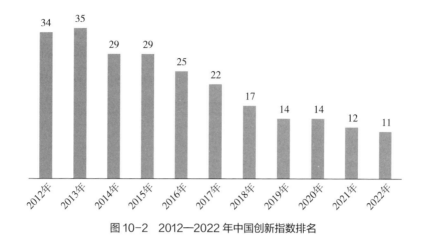

图 10-2 2012—2022 年中国创新指数排名

（三）结构优化取得重要进展

我国粮食总产量连续 8 年保持在年产 1.3 万亿斤以上，制造业增加值稳居世界首位。新兴产业快速发展，数字经济、绿色发展、高端制造全球领先。以我国新能源汽车产业为例，2010 年被定为七大战略性新兴产业之一，当时预计 2020 年新能源汽车市场占有率为 5%，但其发展远超预计，目前市场占有率约 30%。我国新能源汽车产业之所以能够实现弯道超车，主要归功于"三动"——创新驱动、市场拉动和国际化带动。创新驱动是指引进消化吸收再创新；市场拉动是指国家通过示范应用工程、多个"五年计划"持续为新兴产业提供支持，耐心培育市场；国际化带动是指引进来走出去，充分利用两个市场。因此，我国在新技术新赛道产业发展中具有明显优势。以太阳能光伏产业为例，我国大力推行光伏电站，在欧盟和美国的贸易制裁下突出重围。2022 年，我国光伏产品（硅片、电池片、组件等）出口 512 亿美元，同比增长 80.3%（见图 10-3）。

这些产业的蓬勃发展主要归功于我国能够坚定不移地贯彻执行五年计划等产业政策，坚定不移地推进创新，坚定不移地走国际化道路。尽管产业发展过程中会出现各种问题，例如估值泡沫、多晶硅过剩等，但这些都是新兴产业繁荣发展过程中的小问题。

图 10-3　我国光伏行业产品近年来出口额

（四）人民获得感、幸福感、安全感更加充实、更有保障、更可持续

打赢人类历史上规模最大、力度最强、成效最好的脱贫攻坚战，困扰中华民族几千年的绝对贫困问题得到了历史性解决。我国的中等收入群体规模超过 4 亿人。从历史发展来看，1981 年我国的人均 GDP 只有 197 美元，那时大量农民还处在温饱线的边缘，而 2022 年我国的人均 GDP 达到了 12 741 美元。1978 年的贫困率是 97.5%，而现在只有不到 0.6%。此外，我国人均寿命、社保、文化及安全保障能力持续提升，基本公共服务均等化水平不断提高，并建成了世界上最大的社会保障网。

（五）安全保障能力得到持续提升

我国建成了门类齐全、独立完整的现代工业体系，成为全世界唯一拥有联合国产业分类中所列全部工业门类的国家，工业经济规模跃居全球首位。我国的粮食安全、能源供给也得到有力保障。此外，在全面深化改革开放、建设美丽中国等方面，也取得了历史性成就，发生了历史性变革。

四、当前推动高质量发展面临的形势

推动高质量发展是我国发展走向更高级经济形态必须爬过的坡、迈过的坎，需要跨越诸多常规性和非常规性关口。从国际经验看，这是一个十分关键的阶段，如果转得快、转得好，就能顺利完成工业化并跃升为高收入国家，反之可能跌入"中等收入陷阱"。

（一）向高质量发展阶段转变的诸多有利条件

从我国现实基础看，目前已具备向高质量发展阶段转变的诸多有利条件。一是拥有超大规模市场优势，城镇化仍有较大发展潜力。2022年，我国社会消费品零售总额达到44万亿元，仅次于美国。我国科技创新、绿色发展、数字化转型、节能环保和新能源、新基建等领域投资潜力巨大。此外，目前我国城镇化率按常住人口统计是65.2%，按户籍人口统计仅50%左右，住房、汽车等大宗消费品市场需求还有较大空间，教育、医疗、养老、文化旅游等消费潜力正不断释放出来。在汽车方面，我国汽车保有量约 3.3 亿辆，汽车驾驶人约 4.56 亿人，大量家庭仍未购车，因此仍有 1 亿至 2 亿辆的潜在保有量有待释放；此外，汽车更新率约 10%，即每年约 3 000 万辆。在住房方面，尽管总量上供需关系发生了较大改变，但结构性潜力也不可小觑。一方面，高端优质住宅仍有需求；另一方面，"三大工程"——保障性住房、城中村改造和"平急两用"公共基础设施建设将成为房地产新的发展模式。二是拥有体系完整、能力巨大和韧性较强的产业体系，我国目前处在工业化中后期，服务业特别是生产性服务业发展前景广阔。三是拥有庞大的人力资源和人才队伍，人口红利优势仍在，人才红利正不断显现。四是拥有厚实的发展基础，积累了比较雄厚的财力，国内资金供给相对充裕，并拥有大量的外汇储备。最为重要的是，我们有中国共产党的坚强领导，有中国特色社会主义制度的显著优势，有长期稳定的社会环境，有自信自强的精神力量。

（二）转向高质量发展亟待解决的矛盾和问题

从当前看，我国转向高质量发展还存在一些亟待解决的矛盾和问题。

一是"不稳"，经济潜在增长率面临下行压力。世界进入动荡变革期，"变、乱、难、危"交织叠加，全球经济复苏乏力，我国面临的外部环境更加复杂多变。从国内看，我国人口、投资、技术创新等要素条件发生重大阶段性变化，资本形成对经济增长的贡献减少，技术创新后发优势减弱，土地、资源等约束条件逐步强化。

未来我国潜在经济增长率将有所下降或保持中低速增长。

二是"不强"，我国科技创新能力处于由大到强、"要强未强"的关键阶段。以半导体产业链为例，波士顿咨询公司的研究显示（见表10-3）：一国的产业控制力，只有在该国该产业全球市场份额超15%的时候才会有。然而，在半导体核心知识产权和设计方面，即"卡脖子"环节，我国全球供给份额占比仅3%左右。建设科技强国、金融强国，本质上就是要提高我国在这些行业的控制力。

表10-3 半导体产业链中主要国家/地区产品所占市场份额（单位：%）

经济体	半导体需求	半导体供给							
		核心专利与工具		设计		制造		生产投入品	
		EDA	核心专利	无生产线设计	国际整合元件制造	晶圆代工	封装测试	设备[注①]	材料
中国	23	—	—	—	—	—	20	—	—
欧洲	—	25[注②]	—	—	—	—	—	17	—
韩国	16	—	—	—	30	—	—	—	15
日本	—	—	41[注③]	—	—	—	—	27	—
美国	34	60	52	52	47	—	—	52	—
其他国家	—	—	—	29	—	78	60	—	40
合计	100	100	100	100	100	100	100	100	100

资料来源：波士顿咨询公司，"对华贸易限制如何结束美国在半导体领域的领导地位"。
注：未列出份额为不足15%；供给是基于原产国从半导体公司获得的收入，需求是指终端设备的总目标市场。注①——包括测试和测量工具；注②——主要是2017年被Siemens收购的美国公司Mentor；注③——主要是2016年被日本软银收购的欧洲公司ARM。

此外，尽管我国发明专利数量很大，但核心零部件、核心软件、关键材料和关键检测设备缺乏，不适应产业转型升级的需求。在高等教育方面，我国总体量较大，但与国际先进水平相比仍有差距。

三是"不协调"，一些重大的比例关系不合理。总体消费率偏低，最终消费对经济发展的支撑还不够强。2020年我国居民消费率仅32.48%。一般产能普遍过剩与高品质、高性价比、高附加值产品供给不足并存，供给体系对需求结构的适配性不高。城乡区域发展不平衡问题突出，跨区域协调联动不足。居民收入差距仍然较大且总体收入有待提高。2020年，将中国居民按收入五等分，20%高收入家庭是20%低收入家庭人均可支配收入的10.3倍，低收入家庭人均可支配收入8 333元。劳动力供求结构性矛盾凸显，资本市场存在结构性缺陷，要素市场化配置水平还不适应高质量发展的要求。

四是"不畅"，国内外大循环的动力和活力有待增强。社会再生产过程中的生产、分配、流通、消费等环节还存在不少卡点、堵点、脆弱点，科技、产业、金融循环还有待加强，金融服务实体经济的能力不强。2023年10月，广义货币供应量（M2）同比增长10.3%，而狭义货币供应量（M1）增速则一路下行并低于2%，出现"M1-M2"剪刀差现象。

五是"不安全"，粮食、能源、产业链供应链安全压力加大。目前我国石油、天然气、铁矿石、铜矿、大豆等重要初级产品高度依赖进口，在来自外部的打压遏制随时可能升级的背景下，断供的风险压力加大；产业链"去中国化"力度明显加大，稳定制造业发展任务艰巨。在粮食安全方面，我国基本上能做到粮食自给自足，但是大豆、高粱、大麦对外依存度较高，均超过80%。此外，近20年来我国食物自给率已从100%下降到目前的76%左右，预计到2035年总食物自给率将下降至65%左右。在制造业安全方面，我国制造业增加值占GDP比重呈现较快下降趋势，由2011年的32.1%下降到2022年的27%左右，接近韩国的24.8%，呈现"过快去工业化"的趋势。此外，金融安全、生态环境安全、网络和信息安全等方面也面临较大的压力和挑战。

五、把握推动高质量发展的主要任务

结合当前经济形势，探讨如何落实推动高质量发展的重点任务。

（一）着力稳增长、保民生、防风险，保持经济中长期增长在合理区间

为达到2035年基本实现现代化的目标，中长期经济增长需保持在合理区间。通过测算，未来我们的GDP要保持4%以上的增速，方可到2035年达到人均GDP约2万美元的目标。

现阶段，首先，要把稳增长放在突出位置。当前中国经济发展面临的核心问题是消费需求仍然不足，或者说需求整体不足。要着力扩大内需尤其是消费需求，形成强劲有力的国内大循环，努力保持经济运行在合理区间。其次，要落实落细就业优先政策。当前和

今后一段时期，经济运行中难度最大的是稳就业，重点是要解决好高校毕业生和农民工就业问题。最后，要守住不发生系统性风险的底线。确保房地产市场平稳发展，防止形成区域性系统性金融风险，加强能源、粮食、产业链供应链等安全保障能力建设，保持社会大局稳定。

（二）紧紧把握新科技革命和产业变革的历史机遇，扎实推进创新驱动发展

要坚持创新在我国现代化建设全局中的核心地位，切实为企业创新"添油助力"，充分激发广大人民群众创新的积极性、主动性，不断释放和发展科技生产力。重点要抓好五件大事：一是强化基础研究，夯实建设创新型国家的基石；二是打赢关键核心技术攻坚战，力争实质性突破一批"卡脖子"关键核心技术；三是着力提升企业创新能力，推动商业模式创新和实用性创新；四是加快培养造就科技人才，夯实创新驱动发展的科技人才基石；五是深化教育和科技体制改革，完善人才评价激励机制和服务保障体系。

（三）大力振兴实体经济，加快现代化产业体系建设

一是稳住基本盘。要稳住实体经济的根基，确保传统制造业的比重不过快下降，使高、中、低端产业保持合理比重。二是突破中高端。要坚定不移地迈向高端化，重塑中国的比较优势。以前中国以加工制造为主，而现在我们已成为第一大汽车出口国，船舶、飞机、卫星等产业也都有巨大进步。三是培育新支柱。目前

我国已基本进入工业化后期,机械工业、冶金工业、石油化学工业、轻工制造业、电子工业等支柱产业将发生变化,下一步要加快培育壮大新一代信息技术、生物、新能源和节能环保等战略性新兴产业。

(四)深化改革,着力建设适应高质量发展的体制机制

要围绕构建高水平社会主义市场经济体制,推进全面深化改革。图10-4展示的是社会主义市场经济"3+2"支柱体系的分析框架,即三大支柱和两大辅助性支柱。三大支柱分别是现代产权制度、要素市场体系、宏观监管和调控体系。两大辅助性支柱指收入分配和保障制度、法律制度和社会信用体系。改革的重点是什么?概括起来就是"三改两加强","三改"就是政府改革、市场要素配置改革和收入分配改革,"两加强"是加强社会保障和法治建设。

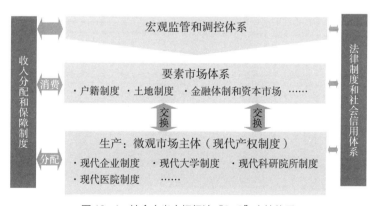

图10-4 社会主义市场经济"3+2"支柱体系

（五）着力扩大高水平对外开放，提升国内国际双循环相互促进水平

总的来说，我们要坚定不移地推进高水平开放，包括制度型开放，为经济社会发展提供强大的动力。一是推动国内国际生产的联动循环，二是推动国内国际科技创新的联动循环，三是推动国内国际两个市场的联动循环，四是推动国内国际两种资源的联动循环。从科技创新来看，国际交流、科技人才的国内外联动循环仍需加强。要坚定不移地引进来和走出去，打造具有全球影响力的世界重要教育中心、科学中心，从而推动我国经营全球资源，成为真正的教育强国。

中国经济 50 人论坛丛书
Chinese Economists 50 Forum

第十一章　分类分层推进国有企业改革[①]

杨瑞龙[②]

[①] 本文根据 2023 年 11 月 9 日长安讲坛第 409 期内容整理而成。
[②] 杨瑞龙，论坛特邀专家，中国人民大学国家一级教授。

一、国有企业分类改革构想的提出

20世纪80年代初,体制改革从农村转向城市并确认了市场取向改革后,国有企业就一直成为城市经济体制改革的中心环节,改革的目标就是在国有制的框架内把国有企业改造成为自主经营、自负盈亏的商品生产者与经营者。改革的关键难题是公有制(国有制)与市场经济的兼容性,为此,我国进行了不懈的探索。

国有企业改革逻辑经历了以下三个阶段的演变过程。

第一阶段,放权让利逻辑下的国有企业改革(1978—1984年)。如两步利改税、拨改贷、利润留成制度就是在那个阶段推出的改革措施,希望通过给企业一定的经营自主权与增量收益权来调动国有企业的经营积极性。

第二阶段,两权分离逻辑下的国有企业改革(1985—1991年)。

主要形式是承包制、租赁制,通过承包合同来确定承包人,在承包期内给企业经营自主权,推行厂长负责制。

第三阶段,产权多元化逻辑下国有企业改革(现代企业制度)(1992年至今)。党的十四大明确提出建立社会主义市场经济体制的改革目标,让市场在资源配置当中发挥基础性作用。从此,中国的改革转向产权制度改革,典型的形式就是股份制。后来在股份制改造的基础上提出了建立现代企业制度,其核心内容就是产权明晰、政企分开、权责明确、管理科学。这时国有企业的产权已经多元化,国有资本占控制地位。

到20世纪90年代后期,我国开始实施"抓大放小"的改革战略,提出国有经济的战略性调整。到21世纪初,开始推进国资监管模式的改革。

国有企业通过改革逐渐走向市场,其表现在:从行政附属物逐渐向具有更大经营自主权方向转变,从单纯追求产值最大化到对利润有较强敏感度的市场主体转变,从僵化的经营体制向法人财产权独立化转变,从纯而又纯的所有权结构向产权多元化转变,从行政垄断向竞争性市场结构转变,国有资产监管部门从管企业、管资产为主向管资本为主转变。国有制的组织形式也伴随着改革的深化而发生变化,从国营企业向国有企业转变,从国有企业向混合所有制企业转变。国有经济不仅可以通过实物形态的国有企业体现,也可以通过价值形态的国有资本来体现。通过深化国有企业改革,明显提高了国有企业与市场经济的兼容性。

尽管股份制改造(现代企业制度)取得了一定的成效,但远没有达到预定的改革目标（市场主体），原因是有两大难题难以解决：第一，无法在国有制的框架内解决政企分开的难题；第二，无法在国有制框架内解决所有权可交易的难题。

要实现自主经营、自负盈亏的改革目标，政企一定要分开，如果政府干预国有企业经营，企业的目标多元，就会偏离市场轨道。政企分开的目标在20世纪80年代后期就已经非常明确地提出来了，到了30多年后的今天，还是没有分开。原因在于，无论是股份制还是两权分离，在不放弃对国有控制权的条件下实现政企分开是很困难的。

国有企业所有权的主体非常清楚，财产归国家所有，可以精确到每一分钱。但是国家是一个抽象的概念，国家本身是没有行为能力的，所以当我们说财产归国家所有的时候，必须为国家找一个代理人，代表国家行使所有权。谁能代表国家？当然是政府。但是政府行使所有权，不会按照利润最大化的目标，一定会把非市场化目标下达企业，就是所谓的行政干预，这样就会导致企业偏离市场方向。

总体而言，国有企业员工的平均素养不低于民营企业，国有企业的管理者受过很好的教育，经验也很丰富。那么为什么国有企业在现实生活当中竞争不过民营企业呢？其中一个非常重要的原因，是民营企业的两只眼睛都盯着市场，而国有企业最多一只眼睛盯着市场，这就是所谓的双重依赖问题。

如果政府完全退出，企业本质上就背离了国有性质；而如果政府行使所有权，企业就会偏离市场轨道。所以我们发现，在国有框架下解决政企分开的问题可能是缘木求鱼,这个"老大难"问题到今天为止也没有答案。其实承包制、租赁制、股份制都是非常好的企业组织形式,都能搞活企业,为什么在国有企业就行不通呢?就是因为实现自主经营、自负盈亏就一定要政企分开,但是政企分开就无法保证国有性质,所以陷入两难的境地。

国有企业要成为真正的市场竞争主体,所有权就必须能自由转让,这不仅是市场机制配置资源的必然要求,也是保证股东能通过行使退出权对公司实施有效股权约束的条件。但是,国有股一旦可以自由转让,国有制就难以保持。中国有很多国有企业进行了股份制改造,然后在海外上市,但仍然没有解决国有企业的老毛病。因为国有企业的股份讲成分,有国有股、法人股、社会公众股,社会公众股可以自由转让,法人股的转让要经过审核,而国有股不能转让。国有股占主要位置,只要国有股不转让,就不会改变国有企业的性质。所有权不可转让就导致政企无法分开,行政干预频繁出现,企业没法自主经营、自负盈亏。

这是理论上的困惑,无论是经典政治经济学,还是西方主流经济学,都难以回答上述难题。

国有企业到底是什么样的企业?是一般性企业,还是特殊企业?应该说,对国有企业的定位存在模糊性。我们对国有企业的要求很高,国有企业的多元目标包括保持公有制的主体地位、弥补市场失灵,体现国家意志与实现产业政策、财务效率等。国有企业的效率是宏观效率还是微观效率?其目标是利润目标还是社会目标?当宏观效率和微观效率发生冲突的时候,以哪个目标为主?到现在为止，理论上还未达成共识。

我在《经济研究》1995 年第 2 期及《管理世界》1997 年第 1 期的两篇论文中，证明了在国有制框架内进行股份制改造不仅难以达到改革目标，而且有可能导致国有资产流失。我用一个委托代理分析框架证明了，在国有控股条件下进行股份制改造，在改善效率的条件下却很难避免国有资产的流失。我把代表国家行使投票权的政府作为委托人，把国有企业的经营者作为代理人，由于目标函数不一致及信息不对称而产生了代理问题，需要对经营人进行监管，进行监管的是代表国家行使所有权的政府官员。政府官员行使投票权，但实际上没有收益权，也难以承担投票后果，因此投票很容易被收买，从而发生国有资产流失。我主张并非所有的国有企业都需要进行市场化改造，而是应根据国有企业所处行业及所提供产品性质的差异选择不同的改革模式。国有企业分类改革战略的基本内容是，把国有企业所处的行业分为竞争性与非竞争性（垄断）两大类，把国有企业提供产品的性质分为公共产品与私人产品两大类。行政性垄断并提供公共产品的企业，适宜选择国家所有、政府经营的国有国营模式，在该领域政企不分与所有权不可转让就不是缺点，而是能保证公共产品充分供给的优点。自然垄断并提供私人产品的国有企业适宜选择国有资本控股下的公司制模式，即国有国控模式，该行业一般关系到国计民生，涉及国家的战略目标，既要实现国家战略目标，也要参与市场竞争，提高资产的运营效率。大型竞争性国有企业适宜进行产权多元化的股份制改造，中小型竞争性国有企业适宜进行民营化改造。

国有企业分类改革的思路在党的十八大以后得到进一步的明确。2015年颁布的《中共中央、国务院关于深化国有企业改革的指导意见》(中发〔2015〕22号)明确指出,通过界定功能、划分类别,实行分类改革、分类发展、分类监管、分类定责、分类考核,提高改革的针对性、监管的有效性、考核评价的科学性,推动国有企业同市场经济深入融合,促进国有企业经济效益和社会效益有机统一。该文件把国有企业明确划分为商业类和公益类,商业类又分为主业处于充分竞争行业和领域的商业类国有企业(简称"商业一类"),以及主业处于关系国家安全、国民经济命脉的重要行业和关键领域,主要承担重大专项任务的商业类国有企业(简称"商业二类")。该文件的整体改革思路和我当年那两篇文章是基本一致的。

二、以分类改革为主线,推进国有经济布局优化

未来国有企业怎么改革?总体来讲,我认为应该以分类改革为主线,推进国有经济布局优化。

什么叫作布局优化?国有经济不要太多,也不要太少;有进有退,有所为有所不为。我国的改革目标是建设社会主义市场经济体制。为此,要毫不动摇巩固和发展公有制经济,毫不动摇鼓励、支持、引导非公有制经济发展。因此,国有经济的布局优化,既不能"国进民退",也不能"民进国退",而是应该构建一个"国民共进"的微观基础。国有企业分类改革的逻辑可以为"国民共进"提供一

第十一章 分类分层推进国有企业改革

个理论分析基础。事实证明,该国有资本保持控制地位的领域如果过度市场化了,就可能会丧失国有经济的主导地位;该市场化的竞争性领域如果国有资本过度介入,就可能不利于市场机制在资源配置中发挥决定性作用。

怎么布局优化?分类改革是一个很重要的原则。我们可以根据国有企业所提供产品的性质及国有企业所处行业的特征,即产品性质及行业特性两个维度形成功能导向的分类方法,以此来对不同的国有企业选择不同的改革模式。具体来说,如果是公共产品,行业是垄断的,原则上采用国有国营模式;如果行业是垄断的,产品是私人产品,这属于自然垄断行业,处于该领域的国有企业可以进行股份制改革,但国有资本占主体地位;如果行业是竞争性的,产品是私人产品,原则上要进行市场化改造,解决政企不分、所有权不可转让的问题。第Ⅳ象限中一部分有市场竞争力的竞争性国有企业可以进行产权多元化的股份制改造,国有资本可以控股,也可以参股;一部分市场竞争力比较弱的竞争性国有企业可以选择国有资本退出的改造(见图11-1)。

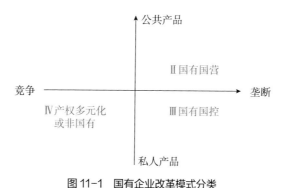

图11-1 国有企业改革模式分类

按照这种分类，国有资本主要集中在关系国家安全、掌握国民经济命脉、提供公共产品和公益类服务、前瞻性战略性新兴产业等重要行业和关键领域，能够帮助增强国有经济的竞争力、创新力、控制力、影响力、抗风险能力。

2023年11月7日中央全面深化改革委员会决议指出，推动处于自然垄断环节的企业聚焦主责主业，增加国有资本在网络型基础设施上的投入，提升骨干网络安全可靠性。要对自然垄断环节开展垄断性业务和竞争性业务的范围进行监管，防止利用垄断优势向上下游竞争性环节延伸。垄断性国有企业具有市场支配力优势和融资优势，如果凭借垄断地位向竞争性行业蔓延，就会产生挤出效应，民营经济的生存条件会变差。

其实，竞争性、非竞争性之间的划分标准与公益类、商业类之间的划分标准并没有本质不同，只是侧重点有些差别（见图11-2）。但是，公益类的内涵还需要进一步界定。公益类产品与公共产品不完全相同。公共产品是指消费不存在排他性但收费存在困难的产品。公益类产品除了具有很强的正外部性外，其技术特征可能是竞争性和排他性的，如医疗、教育、养老等。其基本医疗、基本教育、基本养老等可以作为准公共产品来提供，但其非基本医疗、教育、养老等也可以作为私人产品来提供，社会资本或私人资本可以进入该领域。商业类企业一般为营利性企业，但自然垄断企业不仅具有营利性，还具有追求社会目标的特征。

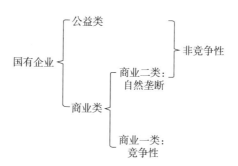

图 11-2　竞争性与非竞争性、公益类与商业类的划分

前一段时间大家在讨论"竞争中性"原则是否适合国有企业，实现"竞争中性"原则包括平等对待、透明度管理和政府补贴控制。在竞争性领域，政府对国有企业与民营企业一视同仁，可以遵循"竞争中性"原则，因为处于竞争性领域的国有企业原则上应完全走向市场。但是，"竞争中性"原则不适用于整体国有企业改革，原因是我们在推进国有企业改革时需要坚持以下两个原则：一是坚持党对国有企业的领导，二是坚持公共制为主的原则。

"十四五"规划对处于竞争性领域的国有企业改革作出了部署：对充分竞争领域的国有经济，强化资本收益目标和财务硬约束，增强流动性，完善国有资本优化配置机制。根据"竞争中性"原则，国有资本应从缺乏竞争力的企业中退出，清退不具备优势的非主营业务和低效无效资产。退出的国有资本一部分可以组建产业发展基金，投向涉及国计民生的重要领域，增强国有资本的控制力与竞争力；另一部分可以充实社会保障基金，强化底线管理。根据分类改革的原则，除了在提供公共产品及基本公益类服务的领域主要采取国有独资方式外，对处于自然垄断行业国有企业在保持国有控股的条件下,积极推进混合所有制改革,改革国有资本的监管体制。对处在竞争性行业的国有企业则宜控则控、宜参则参、宜退则退。通过国有经济的布局优化,让国有经济与民营经济在各自适合发展的领域相互促进、共同发展,这样就可以构建一个国有经济和民营经济和谐相处、共同发展的宏观格局。

三、以产权改革为主线,分类推进国有企业混合所有制改革

对于自然垄断行业和竞争性领域的国有企业,要以产权改革为主线,分类推进国有企业混合所有制改革。2015年8月颁布的《中共中央、国务院关于深化国有企业改革的指导意见》中明确提出两项重要改革:一是分类改革;二是混合所有制改革,即"混改"。"混改"不是一个新概念,20世纪90年代开始的国有企业股份制改造就是典型的"混改"。习近平总书记指出,要积极发展混合所有制经济,强调国有资本、集体资本、非公有资本等交叉持股、相互融合的混合所有制经济,是基本经济制度的重要实现形式。混合所有制主要有三种形式:国企入股民企、民企入股国企、国企员工持股。

"混改"是一项非常好的改革,国有企业有融资优势和市场支配力优势,民营经济有机制灵活的优势,"混改"可以让民营企业获得融资优势和市场支配力优势,让国有企业通过产权制度的改造来提高活力。2017年以来,"混改"取得了明显的进展,特别是

"混改"企业占全部国有企业的比重非常高。从效果上看，国有控股企业的效率要高于国有独资企业与民营企业，存在的主要不足是"混而不改"的现象还普遍存在。国有企业改革的目标是通过产权明晰、政企分开等来实现自主经营、自负盈亏，提高国有资本的经营效率。但从"混改"的实践看，改革的效果有待于进一步提高。

我们在实际调查中发现，大部分"混改"案例是国企和国企混，国企和民企"混改"的只是蜻蜓点水。民营资本参与国有企业"混改"应该是有积极性的，问题在于，民营企业作为一个财务投资人，即使不享有控制权，如果把主业向其开放，它也是愿意进来的，因为主业具有市场优势和融资优势；但是如果开放的是一个竞争性企业，作为战略投资人，民营资本当然希望有话语权。如果真金白银投入进来，最后在董事会没有一席之地，决策的时候没有发言权，谁愿意参与呢？过去三年比较多的案例是国有和国有混，在"混改"中，民企并购国企的案例比较少，而国企并购民企的案例倒是不少。

混合所有制改革，"混"是形式，"改"才是实质。如何在既"混"又"改"上下功夫是下阶段继续推进混合所有制改革的重要任务，重要的是增加民营资本参与的力度，改善国有企业的经营机制。

（一）国企"混改"要有助于推进分类改革

《国企改革三年行动方案（2020—2022年）》强调，要分层分类推动混合所有制改革。所谓"分层",就是集团总部与二级、三级等子公司实施不同的"混改"。总体上,中央企业集团公司层面保持国有独资或全资,具备条件的可以引入其他国有资产实现股权多元化。"混改"的重点是推进国有资本投资、运营公司出资的企业和商业一类子企业的"混改"。换句话说,本次"混改"的重点不在集团公司层面,而是在子公司层面。

所谓"分类",就是对不同类型的企业实施不同的"混改"形式。商业二类即自然垄断国企"混改"在其子公司,而且要保持国有资本控制地位。公益类企业可以推进投资主体多元化。商业一类子企业宜改则改,国有资本可以绝对控股、相对控股或者参股。商业一类企业引入非国有资本的持股比例可以超过1/3。国有控股公司如果国有股东控股50%以上,可以引入持股5%以上的战略投资者。

分类分层深化混合所有制改革,重点是推进国有资本投资、运营公司出资企业和商业一类子企业"混改"。

第一,"宏观分类"标准客观化。"谁出资、谁分类"的分类操作原则有可能延缓混合所有制改革的步伐,应通过制定"行业细分清单"确认公开客观的国企分类标准,并向社会公示。国外有成熟的产业分类标准,我们国家发改委在制定产业政策的时候也有一套非常明确的产业分类标准,以国家发改委的产业分类为主要依托,吸收国外经验,我们完全可以细分一套产业分类标准,然后明确在产业分类当中哪些是商业一类,哪些是商业二类。在"混改"中,国企究竟属于公益类还是商业类,商业一类还是商业二类,对照此分类标准就可以确定。如果属于商业二类,"混改"中要坚持国有资本控股的原则;如果属于商业一类,则宜控则控、宜参则参,打破对民营资本的"进入壁垒"。

第二,商业二类企业的"混改"。商业二类属于自然垄断企业,原则上"混改"中应保持国有资本的控制地位。但自然垄断企业凭借市场支配力优势与融资优势,在过去 20 多年中大规模进入竞争性领域,成立了大量属于商业一类(竞争性)的子公司,这既可能削弱了主业,影响了国有资本在自然垄断行业的控制力与影响力,又可能造成与民营企业争利的问题,影响市场机制配置资源的效率。因此,建议根据商业二类子公司的性质来确立"混改"的原则与路径。在明确"微观分类"的前提下推进央企的"混改",具体途径就是要加快央企的"主辅分离",对于央企中处于国计民生领域的主业进行国有资本占控制地位的"混改",而对于处在一般性竞争领域的辅业进行产权多元化、分散化的股份制改造。

第三,积极创造条件,引入骨干员工持股制度。同时,在"混改"中还应积极引入上市公司股权激励(期权)、科技型企业股权和分红激励等长期激励机制。例如,华为 90% 多的股份由员工持有,每位持股员工都希望公司发展壮大。国有企业普遍激励不足,推进员工持股是一个比较好的办法,因为如果只有约束没有激励,就很难提高国有资产的经营效率。

第四,对于处于竞争性领域的国有企业,则在"混改"中应通过资本化、证券化等方式优化国有资本配置,提高国有资本收益。盈利最大化的前提是收益和风险的匹配,这就要保证国有资本的流动性必须充分。

（二）国企"混改"要有助于完善中国特色的现代企业制度

现代企业制度的核心内涵可以概括为四个方面：产权明晰、政企分开、权责明确、管理科学。为什么现代企业制度发展了20多年，到现在都没有达到预期目标？主要因为在政企分开的前提下找不到太好的办法，而"混改"如果在推进国有资本与民营资本的"混"上下功夫，则有助于完善现代企业制度。在"混改"中能否避免"只混不改"，一是要看民营资本的经营机制到底在多大程度上提高了国有企业的经营效率；二是要看"混改"到底在多大程度上解决了产权明晰、政企分开等问题。如果在"混改"中民营资本达到一定的参股比例，就可以通过派出董事或监事在股份公司中掌握一定的话语权，例如，原来的公司董事会中13名董事除了4名独立董事，其他都是由政府委派，现在经过"混改"，多个民营资本参股方可以派出2名到3名董事、3名独立董事，其他是政府委派的董事，相信公司的法人治理结构会发生深刻变化，从而改善企业的经营机制。因此，"混改"的改革效应还是要从完善现代企业制度中体现出来。通过"混改"，加快完善国有企业法人治理结构和市场化经营机制，健全经理层任期制和契约化管理，完善中国特色现代企业制度。对混合所有制企业，探索建立有别于国有独资、全资公司的治理机制和监督制度。对国有资本不再绝对控股的混合所有制企业，探索实施更加灵活高效的监督制度。

(三)国企"混改"要有助于健全"管资本"为主的国有资产监管体制

在对国有企业进行分类改革的同时,需要同步推进国有资产的监管体制,国资委主要代表国家行使对经营性国有资产的所有权,建议公益类国有企业划归财政部管理,或者在国资委下设置一个相对独立的非经营性国有资产监管部。

国有资产实行分级管理,并在政资分开的基础上实现政企分开,即国资委负责监管中央所属企业(俗称"央企")的国有资产。国资委对央企的监管从"管资产"向"管资本"转变,不再具体干预企业的日常经营活动,而专注于实现国有资产的保值增值。

优化管资本方式,全面实行清单管理,深入开展分类授权放权,注重通过法人治理结构履职,加强事中事后监管。深化国有资本投资、运营公司改革,科学合理界定政府及国资监管机构,国有资本投资、运营公司和所持股企业的权利边界。

可以把央企集团总部(重点是商业一类央企总部)改造成为承担"管资本"职能的控股公司,建立起"国资委—国有资本授权经营公司—股份公司"的三级链条。我曾经提出构想,构建一个国有资本授权经营体制,央企集团总部通过资本授权方式让其成为一个类似于控股公司的机构,国资委管资本,集团总部管资本,然后通过资本链条控制下面的子公司,就可以实现从"管资产"向"管资本"的转变。现在央企集团总部对子公司管得太多,控得太实,所以改革任重道远。地方国资委监管地方所属企业的国有资产,为了减少地方政府对企业的过多干预,可以在国资委与国有企业之间成立具有独立法人地位的国有资产经营公司,并通过股权约束实现国有资产的保值增值,并形成"地方国资委—国有资产经营公司—股份公司"的三级委托代理关系。

(四)在推进垄断行业竞争性环节市场化中深化国企"混改"

垄断行业有一个很长的产业链,包括上游、中游、下游,有可能中下游环节是具有竞争性的。比如电力是垄断行业,电力行业有很多环节,包括电网、配电、发电等,随着对这个行业的不断认识,我们发现发电环节是具有竞争性的,完全可以放开。后来随着改革的不断深化,发现配电环节也是可以放开的,因此现在配电环节是部分市场化,供电环节是完全市场化。石油行业也是这样,石油产品深加工可以作为竞争性环节,加油站也可以市场化。中共中央、国务院印发的《关于新时代加快完善社会主义市场经济体制的意见》(以下简称《意见》)强调,通过引入竞争机制稳步推进自然垄断行业的改革。除了继续推进以政企分开、政资分开、特许经营、政府监管为主要内容的垄断企业改革,还强调了加快实行垄断行业中竞争性环节的市场化,打破行政性垄断,防止市场垄断。如有序放开用电计划和竞争性环节电价,适时放开天然气源和销售价格,推进油气管网对市场主体公平开放,不同市场主体参与铁路运输业务的适度竞争等。

要通过"混改"推进垄断行业竞争性环节的市场化。《意见》明确提出,要在要素获取、准入许可、经营运行、政府采购和招投标等方面排除所有制歧视,实现各类所有制主体公平竞争。特别是要支持非公有制主体进入电力、油气等自然垄断行业，同时提出要放宽服务业领域的市场准入。

要通过"混改"让民营资本参与进来，给民营资本提供发展机会。过去民营经济发挥了重要作用，也作出了很大贡献，现在民营经济确实遇到了很大的困难，特别是国有资本挤占民营资本的发展空间，这是一个不争的事实。将垄断行业竞争性环节向民营资本开放，可以为民营资本带来更大的发展空间，同时也让国有资本"轻装上阵"，集中精力把主业做好，有助于贯彻国家的战略目标、安全目标。

四、以共同治理为主线，分类推进国有企业治理结构创新

国有企业的效率取决于产权，但是在产权一定的条件下，还取决于公司的治理效率。

哈罗德·德姆塞茨（Harold Demsetz）等人提出了"团队生产假说"，该理论认为企业的本质在于它是一种团队生产或长期合约的集合，而企业的团队本质又表现为人力资本与非人力资本之间的相互依赖性。为保护依赖性资源免于受损，团队成员只有缔结长期合约，以确保一个可预期的补偿。"集体产品"作为团队生产的"组织租"，是由团队成员共同创造的，自然不能由某一方独占，而应由其共同拥有。但企业所有权的现实分配则要取决于人力资本与非人力资本所有者之间的谈判，谈判能力的强弱与他们的资产专用性程度及在企业中的相对重要性变化有关。由于单个生产要素努力程

度的难以测量性、企业内偷懒的必然性，企业治理的核心就是要解决偷懒问题。以奥利弗·哈特（Oliver Hart）为代表提出的"契约理论"告诉我们，企业是一组契约，契约具有不完备性（有限理性、信息的不完全性等），剩余索取权与控制权的分配对一个企业的治理效率至关重要。企业治理的核心就是通过企业内产权结构的合理配置，让企业的每个参与人都像为自己工作一样为企业工作，这就是企业治理要解决的问题。

企业所有权怎么分配？主流企业理论告诉我们资本很重要。企业里无非两类人，一类出资本，另一类出劳动。到底应该把这个剩余分配给资本所有者，还是分配给劳动者呢？主流理论认为应该分配给资本，让资本所有者拿剩余，让劳动者拿固定收入。这个时候，资本所有者获得剩余之后就会有意愿监管拿固定收入的劳动者，只要劳动者的行为是可观测的，就可以构建一套相应的机制，即资本雇佣劳动的机制。私营企业通常都是这么做的。

当一个自然人企业演变为股份公司后，情况发生了变化，拿剩余的人（股东）不参与公司管理，参与公司管理的经理人并不拥有剩余权（即委托代理），由于委托人与代理人的目标函数不一致、信息不对称，代理人就会凭借控制权来实施偷懒行为，追求个人收益目标。如果只是追求货币收益，那还比较简单，把企业利润和个人的经济收入挂钩，就可以解决偷懒问题。但是代理人凭借控制权不仅可以追求货币收益，还可以追求非货币收益，比如豪华的办公条件、豪华的公务旅行，在雇用劳动者时首先考虑的是"合意""听话"，而不是有效率，这时就会产生代理问题，这说明代理人的行为是要被监控的。一个公司的治理框架包括股东会、董事会、监事会,这是股东在发挥主导作用,通过"三会"来监督代理人,构建相应机制让经理人为企业股东服务。这套逻辑的核心就是如何贯彻资本权利,在自然企业里叫作资本雇佣劳动,在股东公司里叫作股东市场主义,它们都遵循资本逻辑。

张维迎在他的很多论文中都倡导这个逻辑,即按照资本逻辑来构建公司治理结构。后来崔之元写了一篇文章《美国二十九个州公司法变革的理论背景》,对张维迎的逻辑进行了批评。该文指出,美国每个州都有立法权,20世纪60年代美国发生经理革命,出现了恶意收购的现象。资本所有者是风险承担者,向企业投资100万美元购买厂房和设备,厂房和设备就变成一个专用性资产,一旦投入很难拿回来,所以有一个沉淀性的成本。当企业发展前景良好时,这个资产很有价值,一旦企业破产倒闭,这个资产就会发生贬值。20世纪60年代的美国,资本市场高度发达,资本家投资建立一家企业,管理者和技术人员把企业做强,改制以后上市,假如企业市值从100万美元变成5 000万美元,资本家就可能在资本市场上套现,有新的人来接管企业,对企业重组,并可能解雇原来的管理者和技术人员。美国的公司法保护资本所有者,被解雇的人员不受法律保护,这就是当时出现的恶意收购现象。针对这方面的法律缺陷,美国29个州纷纷修改法律,对资本权利进行限制,引入对相关利益者的利益保护条款,相关利益者包括企业经理人员、债权人代表、与企业关联的相关利益者等。如果其利益被资本所有者伤害,可以凭借这个法律要求补偿。

崔之元认为，连美国这样资本主义高度发达的国家都制定法律条款限制资本权利，本质上是私有制逻辑受到挑战，张维迎为什么还在坚持资本逻辑呢？这是错误的。之后周其仁也发表了一篇文章《市场里的企业：一个人力资本与非人力资本的特别合约》，认为崔之元是错的，这个权利不仅包括物权，也包括人权，对利益相关者的利益保护无非是引入人力资本产权的保护，而人力资本产权本质上也是一种私有产权，美国29个州的公司法修订不能认为是私有制逻辑被突破。

在这个背景下，我和我的第一个博士生周业安写了一系列论文，其中最重要的一篇是在《经济研究》上发表的《一个关于企业所有权安排的规范性分析框架及其理论含义》，对他们的观点提出了不同见解。我们主要把产权和物权进行了区分。罗纳德·哈里·科斯（Ronald H. Coase）认为，产权理论要解决的不只是所有者拥有的合法权利，还包括存在的合法权利，是当两个所有权主体发生交易而存在外部性时，如何对这个损害权进行界定。德姆塞茨认为，产权就是使一个人或其他人受益或受损的权利。张维迎主要讨论的是物权，其实我们不仅要讨论物权，还要讨论两个物权在发生交易的时候，如果利益交叉存在相互损害，对这样一种损害权如何进行界定。企业里显然发生了权利交易，当资本权伤害了人力资本权的时候，这就需要界定存在的合法权利了。

企业本质上是物质资本与人力资本共同构建了一个合约。传统理论认为，资本所有者投入企业的资本具有专用性，是风险承担者。但事实上，人力资本也具有一定的专用性，比如我长期就职于一个企业，与同事和上下级之间都建立了良好的关系，这个关系是有价值的；再比如我长期做销售，有很多客户资源，这些客户资源也构建了专用性的资产。所以对于人力资本，只能激励，不能压榨，参与企业合约的人力资本和物质资本都是平等的谈判主体。现代公司有两个重要原则，一个是有限责任原则，另一个是资本可以自由转让。随着资本市场的高度发达，这两方面大大化解了资本所有者所承担的风险，他们可以很容易地退出，反倒是企业里的人很难退出。所以不能用18世纪、19世纪企业的形态来界定资本权利，资本可以自由转让，化解风险，而人力资本却很难做到，其损失也难以补偿。

从这个意义上来讲，企业剩余权分配不能够仅仅对称分布给物质资本，资本雇佣劳动逻辑是有缺陷的，剩余索取权与控制权不应集中式对称分布于资本，而应该分散式对称分布给企业内不同的产权主体，即人力资本与非人力资本所有者共同拥有企业所有权。从现代公司治理结构的发展趋势来看，越来越偏离资本雇佣劳动的单一治理结构，逐步走向人力资本与物质资本分享企业所有权的共同治理结构。企业里面最稀缺的可能不是资本，而是企业家。在硅谷，掌握高科技的人在权利分配的时候都能得到股权。资本雇佣劳动或股东至上主义不仅在理论上面临很多质疑，而且在企业发展的实践中也面临各种挑战。20世纪80年代在美国兴起的放松管制以及恶意收购浪潮使人们开始怀疑股东至上的企业治理结构。美国的29个州修改了公司法，通过设置一系列约束措施，要求企业在被收购时考虑利益相关者的利益。欧洲的许多国家在第二次世界大战后就开始通过立法强制规定必须接受职工进入企业决策层,由此形成共同治理模式。

从已有的国有企业改革实践来看,改革的着眼点始终是单纯地改进政府对企业的控制和激励,而不是试图建立一个符合现实约束条件的科学的治理结构。不难看出,这是典型的"股东至上主义"逻辑在支配着改革的进程。

以政府代理人和企业经营者之间的权利争夺为核心的企业渐进式改革,造就了经营者软约束下的自由处置权膨胀的温床,以至于债权人、职工等在企业中的"声音"被无情地剥夺了。结果,国有企业的治理结构建立在了没有监督能力和监督动力的政府代理人的监督行为和经营者无外在约束的自律行为上,这必然为无能的或不负责任的、以权谋私的经营者创造了"良好"的生存环境,同时也为经营者与政府代理人"共谋"创造了条件。

要克服以上难题,就必须实现企业治理结构的创新,其核心是扬弃传统的"股东至上"逻辑,遵循既符合国情、又顺应潮流的"利益相关者合作"逻辑。

国有企业治理结构再造的总体原则是:通过加强党组织的领导作用来体现国有企业的制度性质,通过共同治理和相机治理有机结合的方式来重构具体的治理机制。

(一)国有企业共同治理机制设计

"利益相关者合作"逻辑与"股东至上"逻辑的本质差异在于公司的目标是为利益相关者服务,而不仅仅是追求股东的利益最大化。贯彻了"合作"逻辑的治理结构就是"共同治理"机制,它强调决策的共同参与与监督的相互制约。

共同治理的核心就是经济民主化,通过公司章程等正式制度安排,确保每个产权主体具有平等参与企业所有权分配的机会;同时依靠相互监督的机制来制衡各产权主体的行为;适当的投票机制和利益约束机制则用来稳定合作的基础,并达到产权主体行为统一于企业适应能力提高这一共同目标。共同治理模式包括两个并行的机制:董事会和监事会。

董事会中的共同治理机制是确保产权主体有平等的机会参与公司重大决策。建立职工董事制度是完善董事会中的共同治理机制的一个重要内容。

我国建立职工董事制度应注意以下几个方面:第一,关于职工董事的资格。职工代表必须反映企业大多数职工的利益。第二,关于职工董事的选任。职工董事(包括工会主席)由职工代表大会按多数同意原则民主选举产生。第三,关于职工董事的人数。国有独资公司的职工董事一般为1/3左右,国有控股的股份公司的职工董事的比例可以与国有独资公司类似,股份有限公司的职工董事比例可定在1/5—1/4。

银行董事制度。根据我国的国情,银行可以通过表决权代理或信托制同时实现对小股东和银行的权益保护,这样做可以绕开两业分离的法律障碍,充分发挥银行的信息优势和人力资源优势;同时银行代表进入董事会,也便于信息交流和权力平衡。

监事会中的共同治理机制则是确保各个产权主体平等地享有监

督权,从而实现相互制衡。国有企业的监事会中应有一定比例的职工监事,同时必须有1—2名银行代表作监事,以确保债权人的利益。

(二)国有企业相机治理机制的设计

相机治理机制的基础是企业所有权的状态依存特征。相机治理机制的设计目的就在于确保在非正常的经营状态下,受损失的利益相关者有合适的制度来帮助其完成再谈判意愿。一个完整的相机治理机制包含三个要素:能够利用该机制的人(即相机治理的主体)、信号,以及相机治理程序。

一个完整的相机治理程序应包括事前监督、事中监督、事后监督三个阶段。利益相关者的相机治理机制设计包括职工作为相机治理主体时的程序、股东的相机治理程序、债权人的相机治理程序,以及管理收购。

相机治理机制的完善与程序的改进主要有以下几个方面:一是破产程序的改进。破产程序是相机治理程序的最后一道防线。一个有效的破产程序必须设置一套机制,以确保债权人的债权现值最大化,同时给予经营者可置信的惩罚。二是相机治理各程序的协调。相机治理程序按主体划分为四类,即职工、债权人、政府和股东、经营者;按内容分则是两类,一类是预防性程序,另一类是破产程序。三是相机治理信号系统的设计。相机治理程序的启动取决于必要的信号显示。

前不久,杨瑞龙研究组的"国有企业分类改革与共同治理"研究成果获得了第十届"中国经济理论创新奖"。"中国经济理论创新奖"是由董辅礽经济科学发展基金会与武汉大学、北京大学、中国人民大学、清华大学、复旦大学、南京大学等共同发起的,其评选机制是由发起单位推荐近200位投票人,包括经济学家、著名大学经济院校和国内研究机构负责人、主要财经类媒体和学术期刊负责人等,以记名投票方式评选产生。这个奖项在我心目中分量很重,因为这是同行们一票一票投出来的,获此殊荣是对我30多年致力于国企改革研究的充分肯定。中国正处在转型期,学者还是要关注重大现实问题的研究,这些问题背后的逻辑很复杂,很难将其简化甚至模型化,但对我国的改革开放与经济发展很重要。国有企业改革是一个大问题,如果这个问题不解决,国有企业不能成为真正的市场竞争主体,市场在资源配置中发挥决定性作用就很难实现。国有企业改革任重道远!

附录 1

中国经济 50 人论坛简介

中国经济 50 人论坛，是由我国经济学界部分有识之士于 1998 年 6 月在北京共同发起组成的、独立的学术群体。论坛聚集了具有国内一流水准、享有较高的社会声誉并且致力于中国经济问题研究的一批著名经济学家。

论坛以公益性、纯学术性为原则，组织年会、长安讲坛、内部研讨会、各地经济理论研讨会、国际学术交流等研究活动，深入探讨中国宏观经济改革等重大课题。论坛学术讨论秉承三个基本因素：一是有超前性学术研究的需要，二是有讲真话的学术作风，三是有相互尊重的学术氛围。论坛宗旨是把各个领域有着深入理论研究的专家，对中国经济问题及政策建议的研究成果集合起来，希望用他们研究的思想精华推动深化结构性改革，促进中国经济转型和持续稳定增长。

论坛依据章程，实行定期换届选举，确保论坛组织和成员的更新与活力。

论坛学术委员会是论坛的最高领导机构，负责论坛活动的规划与指导。

第四届论坛学术委员会成员：白重恩、蔡昉、樊纲、江小涓、隆国强、杨伟民、易纲。

论坛学术委员会荣誉成员：吴敬琏、刘鹤。

论坛秘书长：徐剑。

附录2

中国经济50人论坛成员名录

（第四届）

论坛学术委员会荣誉成员：

吴敬琏　　刘　鹤

论坛学术委员会成员：

白重恩　　蔡　昉　　樊　纲　　江小涓　　隆国强
杨伟民　　易　纲

论坛成员（以姓名汉语拼音为序）：

白重恩	中华全国工商业联合会第十三届执行委员会副主席，清华大学文科资深教授、经济管理学院院长
蔡　昉	中国社会科学院国家高端智库首席专家、学部委员、研究员
曹远征	中银国际研究有限公司董事长，教授、研究员
陈东琪	中国宏观经济研究院研究员
陈锡文	中央农村工作领导小组原副组长兼办公室主任，教授
樊　纲	中国经济体制改革研究会副会长，国民经济研究所所长，中国（深圳）综合开发研究院院长，教授、研究员
方星海	中国证券监督管理委员会副主席

郭树清	第十四届全国人大常委、财政经济委员会副主任委员，中国人民银行原党委书记、副行长，原中国银行保险监督管理委员会党委书记、主席，研究员
韩　俊	安徽省委书记，研究员
韩文秀	中央财经委员会办公室分管日常工作的副主任，中央农村工作领导小组办公室主任
黄益平	北京大学国家发展研究院院长、教授
江小涓	国务院原副秘书长，孙冶方经济科学奖评奖委员会主任，教授、研究员
李剑阁	孙冶方经济科学基金会理事长，研究员
李　扬	国家金融与发展实验室理事长，中国社会科学院学部委员、研究员
廖　岷	财政部副部长
林毅夫	第十四届全国政协常委、经济委员会副主任，北京大学国家发展研究院名誉院长、教授
刘尚希	中国财政科学研究院院长、研究员
刘世锦	国务院发展研究中心原副主任，研究员
刘　伟	中国人民大学原校长、教授
刘元春	上海财经大学校长、教授
隆国强	国务院发展研究中心副主任、研究员
楼继伟	财政部原部长，研究员
陆　磊	中国人民银行副行长，研究员
马建堂	第十四届全国政协常委、经济委员会副主任，国务院发展研究中心原党组书记
钱颖一	清华大学文科资深教授、经济管理学院教授
宋晓梧	北京师范大学中国收入分配研究院院长、研究员

汤　敏	国务院参事，友成企业家扶贫基金会副理事长
汪同三	中国社会科学院学部委员、研究员
王　建	中国宏观经济学会副会长、研究员
王一鸣	中国国际经济交流中心副理事长、研究员
魏　杰	清华大学文化经济研究院院长、教授
吴晓灵	清华大学五道口金融学院理事长、研究员
夏　斌	当代经济学基金会理事长，中国首席经济学家论坛主席，研究员
肖　捷	第十四届全国人大常委会副委员长
谢伏瞻	中国社会科学院原院长、学部委员、研究员
许善达	国家税务总局原副局长，高级经济师
徐　忠	中国银行间市场交易商协会副秘书长，研究员
杨伟民	原中央财经领导小组办公室副主任
姚　洋	北京大学国家发展研究院教授
易　纲	第十四届全国政协常委、经济委员会副主任，中国金融学会理事会会长，中国人民银行原行长，教授
余　斌	国务院发展研究中心副主任、研究员
余永定	中国社会科学院学部委员、研究员
张维迎	北京大学国家发展研究院教授
张晓晶	中国社会科学院金融研究所所长、研究员
张晓朴	中央财经委员会办公室经济一局局长，研究员
周其仁	北京大学国家发展研究院教授
周小川	博鳌亚洲论坛副理事长，教授、研究员

附录 3

中国经济 50 人论坛企业家理事会成员名录

召 集 人：段永基　郁　亮

秘 书 长：林荣强

副秘书长：王小兰

监 事 会：段永基　林荣强

理事会成员（以姓名汉语拼音为序）：

曹德云	中国保险资产管理业协会执行副会长兼秘书长
陈东升	泰康保险集团股份有限公司董事长兼首席执行官
邓召明	鹏华基金管理有限公司总裁
丁建勇	上海东昌企业集团有限公司董事长
段国圣	泰康资产管理有限责任公司首席执行官
段永基	四通集团公司董事长
桂松蕾	中新融创资本管理有限公司董事长
林荣强	信远控股集团有限公司董事长
刘光超	北京市道可特律师事务所主任

刘晓艳	易方达基金管理有限公司总裁
刘志硕	大河创投创始合伙人
李振华	蚂蚁集团研究院院长
卢志强	中国泛海控股集团有限公司董事长兼总裁
宁旻	联想控股股份有限公司董事长
潘刚	内蒙古伊利实业集团股份有限公司董事长兼总裁
潘仲光	上海潘氏投资有限公司董事长
彭文生	中国国际金融股份有限公司首席经济学家
汤道生	腾讯科技（北京）有限公司高级执行副总裁
田晓安	北京字节跳动科技有限公司副总裁
田熠菲	新理益集团有限公司总裁
王小兰	时代集团公司总裁
吴旭初	毕马威华振会计师事务所（特殊普通合伙）审计合伙人
杨宇东	第一财经总编辑
杨远熙	快手科技联合创始人
郁亮	万科企业股份有限公司董事长
张毅	金杜律师事务所中国管理委员会主席
张志洲	敦和资产管理有限公司首席执行官
赵民	北京正略钧策管理顾问有限公司董事长
周远志	新意资本基金管理（深圳）有限公司总裁
朱德贞	厦门德屹股权投资管理有限公司董事长